예담friend 는 예담의 교육 전문 브랜드로,
청소년, 학부모, 교사의 믿음직한 파트너가 되고자 합니다.

1 예담friend는 믿을 수 있습니다.
교육 현장에서 직접 학생들을 지도하는 선생님들,
자녀 교육에 큰 관심을 가지고 있는 학부모들의 의견을 듣고
꼭 필요한 책을 만들겠습니다.

2 예담friend는 청소년들의 다정한 벗입니다.
청소년들의 꿈과 미래를 설계하는 데 도움이 되는 책을 만들겠습니다.

3 예담friend는 학부모들의 든든한 조언자입니다.
매일 새로워지는 교육 환경에서 겪는 자녀 교육의 어려움을 해결해 드리겠습니다.

4 예담friend는 교사들의 충실한 동반자입니다.
새롭고 획기적인 교육 방법과 현실적인 대안을 제시하겠습니다.

한 발 더 앞선 안목과 참신한 기획, 편집으로 21세기 새로운 교육과 학습의
패러다임을 제시하는 젊은 출판사 예담friend는 독자 여러분의 많은 관심
과 도움으로 만들어집니다.

대한민국 **우등생**

명문대생 250명이 털어놓는
나 만 의 공 부 노 하 우

대한민국 우등생

초판 1쇄 발행 2004년 12월 27일
초판 6쇄 발행 2005년 1월 31일

지은이 ｜ 김민숙
펴낸이 ｜ 김태영

상무 ｜ 신화섭
책임편집 ｜ 최혜진
편집기획 ｜ 김은주 이원숙 정지연 조지혜
디자인 ｜ 김정숙 하은혜
마케팅 ｜ 신민식 정덕식 권대관 송재광 임태순
경영지원 ｜ 하인숙 고은미 송현주 임효구 김두철
인터넷사업 ｜ 정은선 김선아
광고홍보 ｜ 임채성 이세윤

펴낸곳 ｜ 예담프렌드
출판등록 ｜ 2004년 6월 28일 제313-2004-00170호
주소 ｜ 서울시 마포구 공덕1동 115-13번지 예담출판빌딩
전화 ｜ 704-3861 팩스 ｜ 704-3891
e-mail ｜ editor@yedamco.co.kr
homepage ｜ www.yedamco.co.kr
출력 ｜ 엔터 종이 ｜ 화인페이퍼 인쇄·제본 ｜ 현문인쇄

값 9,800원
ⓒ 김민숙, 2004
ISBN 89-955476-3-4   13000

명문대생 250명이 털어놓는

나 만 의 공 부 노 하 우

대한민국
우등생

김민숙 지음

일러두기

1. 이 책은 대학입시에 성공한 학생 250명을 조사하여 정리한 기록이다.
2. 학생들의 학습 태도와 습관, 주변환경 등을 조사했으며, 그 결과 학생들에게서 여러 가지 공통점을 찾아낼 수 있었다.
3. 서울대와 연세대, 고려대, 포항공대, 성균관대 의대, 경희대 한의대, 이화여대의 재학생 250명을 대상으로 설문을 실시했고, 그 가운데 67명에 대해 별도로 심층면담을 거쳤다. 설문과 면접은 2003년 5월부터 2004년 7월까지 4차례에 걸쳐 진행되었다.
4. 84명의 학생이 설문과 면접 결과의 인용에 대해 실명(實名) 사용을 허락해 주었다. 그러나 다수인 166명의 학생들이 실명 공개를 원치 않는다는 입장을 보임에 따라 학생들의 이름을 모두 가명으로 처리했다.

우등생들은 무엇이 다른가

학창 시절, 누구나 한 번쯤 갖게 되는 미스터리가 있습니다. 평소에 빈둥거리는 것 같은데도 시험만 보면 좋은 성적을 내는 학생들에 대한 궁금증입니다. 그 비결이 무엇인지 살펴보아도 좀처럼 알아낼 수 없습니다. 반면 공부는 열심히 하는 것 같은데 이상하게 성적은 따라주지 않는 학생들이 있습니다. 우리는 이런 경우 흔히 '천재니까' 혹은 '머리가 나쁘니까' 하고 결론을 내리죠. 우등생들은 특별한 아이라고 생각하는 것입니다. 하지만 정말 그럴까요?

그런 의문을 풀기 위한 의도에서 기획된 이 책은, 이른바 '공부 잘하는 아이들은 대체 어떤 학생이고, 어떻게 하기에 결과가 다른가'라는 궁금증에서 시작되었습니다.

사실 이 연구는 교육통계학을 적용한 논문을 준비하는 과정에서 계획되었습니다. 한국의 높은 교육열과 성과는 이곳 미국 교육학계에서도 관심의 대상이 되고 있습니다. 많은 한국 유학생들이 유수의 미국 대학에서 경이로운 성적과 훌륭한 성과를 보여주고 있기 때문입니다.

제가 교육평가, 특히 설문조사를 통한 연구에 관심이 많기 때문에, 설문과 면담을 통해 한국의 우등생들을 알아보려는 취지에서 이 연구를 시작했습니다.

이 책의 집필을 위해 1년 2개월 동안 서울대와 연세대, 고려대, 포항공대, 성균관대 의대, 경희대 한의대, 이화여대 등의 재학생 250명을 대상으로 설문조사를 벌였고, 그중 67명을 직접 만나 심층면담을 실시했습니다. 그리고 수차례의 설문과 면담을 통해 우등생들은 특별하다는 것이 편견이었음을 확인하게 되었습니다. 우등생이라고 해서 '별종'은 아니었던 셈입니다.

입시 지옥을 뚫고 명문대에 입학한 학생들 역시, 또래의 친구들과 크게 다를 바 없었습니다. 그들 역시 공부보다는 컴퓨터 게임이나 친구와의 문자 메시지 교환을 즐겁게 생각했고, TV 드라마와 연예계 소식에서 재미를 찾기도 했습니다. 또 야간자율학습을 무척 싫어했으며 친구들과 같은 문제로 고민했습니다.

그중에는 방황의 시기를 경험했던 학생들도 있었습니다. 불량 서클에 가입했던 문제아를 비롯해, 연예인을 따라다니다가 부모님과 반목했던 여학생도 있었습니다. 오히려 공부 생각밖에 없는 공부벌레를 만나는 것이 어려울 정도로, 그들 모두가 주변에서 흔히 볼 수 있는 평범한 학생들이었습니다.

그렇다면 이같은 우등생들은 무엇이 달랐을까요. 어떤 요인이 이들에게서 입시 성공이란 결과물을 이끌어냈을까요.

많은 학생들이 '복습만으로도 충분했다' 고 입을 모았습니다. 즉, '성적을 올리려면 예습과 복습을 균형 있게 해야 한다' 는 기존의 통념과는 조금 달랐습니다.

우등생들에게도 공부는 고역이었습니다. 수많은 개념과 공식, 역사적 사실 들을 이해하고 암기하는 것을 그들 역시 힘겨워했습니다. 그러나 학생들은 공부하는 과정에서 반복 학습의 위력을 절감했습니다. 그들은 망각의 두려움에 굴하지 않고 숱한 반복을 통해 교과 내용을 되새김질하면서 학습에 전념했습니다.

또한 자기 평가에 냉정한 모습을 보여주었습니다. 실제로 공부에 전념한 시간만을 공부 시간으로 셈하고, 부족한 자신을 담금질했습니다. 높은 점수에 만족하기보다는 한 문제라도 틀리지 않기 위해 자신을 갈고 닦았습니다.

그러면서도 스스로를 격려할 줄 알았습니다. 목표를 달성한 뒤에는 그동안 미뤄왔던 놀이(소설책 보기, 영화 감상, 늦잠 자기)를 즐김으로써 자신에게 상을 주었습니다.

조사 결과, 우등생들에게는 저마다의 공부 습관과 버릇이 있었습니다. 수업시간의 노트 필기에만 의존하지 않고, 교과서 여백에 메모를 하거나 도표를 만들어 개념을 정리하면서 이해하는 습관을 가지고 있었습니다. 또 형광펜을 이용해 주요개념을 체크하거나, 음악 리듬에 맞춰 수학 문제를 푸는 학생도 있었습니다.

주목할 점은 이런 우등생들도 누군가를 '벤치마킹' 하면서 스스로의 공부 스타일을 만들어냈다는 것입니다. 따라서 '도두에게 통용되는 만능 공부 방법이란 없다' 는 결론을 얻게 되었습니다. 자신에게 맞는 공부 방법이나 습관은, 시행착오를 거쳐 스스로 만드는 것이었습니다.

공부 잘하는 아이들은 시험 기간뿐 아니라 평소에도 공부를 게을리 하지 않았고, 공부에 재미를 붙이기 위해 친구들과 문제내기 놀이를 즐긴 것으로 나타났습니다. 공부의 즐거움을 위해 암기용 노래를 창작하거나 다양한 상상력을 동원하기도 했습니다. 다시 말해, 지겹기만 한 공부를 재미있는 놀이로 탈바꿈시키기 위해 노력한 셈이죠.

우등생들은 또한 자아를 진지하게 성찰하는 모습을 보여주었습니다. 자신의 잘못을 남의 탓으로 돌린다든지 불우한 가정환경이나 학원 강사의 실력을 탓하지 않았습니다. '밥은 떠먹여줄 수 있지만, 공부는 누가 대신해 줄 수 없는 것'이란 냉정한 현실을 이미 깨달았기 때문입니다.

'걸핏하면 바뀌는 입시제도'는 우등생들에게도 미움의 대상이었습니다. 그러나 '불평만으로는 아무것도 해결되지 않는다'는 진리를 학생들은 간파하고 있었습니다.

어린 시절부터 많은 책을 접하며 스스로 사고할 줄 아는 훈련이 된 아이들은, 입시제도의 변화와 관계없이 좋은 성적을 거둡니다. 성적은 이처럼 꾸준한 독서 습관에서 비롯된다는 사실을 250명의 명문대 학생들을 조사해 본 결과 확인할 수 있었습니다. 논술과 면접의 비중 확대에 따라 그같은 경향은 앞으로 더욱 두드러질 것입니다.

끝으로 설문조사에 도움을 준 (주)베스트리서치와 자료 정리를 맡아준 정원희, 이소영 씨에게 감사드립니다. 다소 난해하고 건조했던 논문 성격의 원고를 쉽고 재미있게 재정리해 주신 예담출판사 편집부에도 감사드립니다. 그리고 누구보다도 설문조사 및 심층면접에 소중한 시간을 내어준 250명의 학생들에게 고마운 마음을 전합니다.

이 책을 통해 성적으로 고민하는 많은 학생들이 공부에 자신감을 찾아 저마다의 꿈을 이룰 수 있기를 기원하며, 학습의 조언자가 되기를 희망하는 부모님들에게는 훌륭하고 바람직한 부모 역할의 지침서가 될 수 있기를 바랍니다.

2004년 12월

김민숙

차례

프롤로그 우등생들은 무엇이 다른가 5

제 1 부 | 우등생을 만든 아주
평범하고도 무서운 공부 습관

가장 좋은 공부법은 습관을 만드는 것 17

밤샜다고 공부를 열심히 한 것은 절대 아니다 22

여러 과목을 번갈아 공부하면 집중력이 높아진다 26

좋아하는 과목부터 시작한다 30

공부는 연습장 사용량과 비례하지 않는다 33

주변 핑계는 이제 그만 36

공부하다 막힐 때는 그날 당장 해답을 찾아라 40

출발은 복습만으로 충분하다 43

학원, 돌아다니면 돌아다닐수록 손해다 47

4당 5락? 부족한 수면은 공부를 망칠 뿐이다 51

공부를 열심히 해야겠다는 결심의 계기는 누구에게나 있다.
그리고 한 번의 공부 성공은 좋은 공부 습관을 만들어낸다.
공부하는 습관이 붙으면 그 안에서 즐거움을 찾는 방법을 터득하게 된다.

제 2 부 | 아직 늦지 않았다! 중위권, 상위권으로 점프하기

스스로를 바꿀 계기를 마련하라 59

목표를 세우고 반드시 지켜라 64

처음은 누구에게나 어렵다 70

기초가 부족해도 수업에 충실하는 게 지름길 75

싫은 과목과 친해지기1 선생님을 사랑하라 80

싫은 과목과 친해지기2 피할 수 없다면 즐겨라 87

싫은 과목과 친해지기3 수학도 암기과목이다 89

방학, 역전의 마지막 찬스다 94

"저는 문제아였는데요" 97

제3부 | 공부 비법은 없어도 공부 요령은 분명 따로 있다

반복 학습의 위력, 몰라도 여러 번 본다   103

잘 만든 오답 노트가 최종 성적을 결정한다   108

학교 수업 110퍼센트 활용법   111

형광펜으로 핵심을 집어낸다   115

표 만들기의 위력   118

자투리 시간만 잘 활용해도 서너 과목은 마스터한다   121

문제풀이는 실전보다 가혹하게   125

우등생들의 참고서 고르는 법   128

우등생들의 참고서 활용법   132

나만의 참고서 만들기   135

시험 범위가 아니어도 공부하는 이유   138

출제자와 대화한다   141

내신 공부와 수능 공부는 하나다   146

사전과 정답풀이를 멀리 하라   150

영어 독해, 문제부터 보는 것이 요령   154

독서력은 공부의 기초 체력   159

제4부 │ 재미있게 공부하는
          6가지 방법

공부도 재미있게 할 수 있다 167

친구들과 문제 내기 171

저마다의 공부 스타일은 따로 있다 175

자기에게 줄 상을 마련해 보라 178

취미에서 지혜를 얻는다 182

상상력을 발휘하라! 암기가 쉬워진다 187

제5부 │ 부모와 선생님이
          우등생을 만든다

사수 끝에 찾아낸 희망 193

선생님, 우리 선생님 199

어머니와 문학전집, 그리고 책 도둑 203

어머니는 논술 선생님 208

독서의 부전자전 법칙 215

내 아이 우등생 만드는 부모 십계명 219

에필로그 작은 변화로 천천히 시작하세요 225

제 1 부

우등생을 만든

아주 평범하고도 무서운

공부 습관

가장 좋은 공부법은
습관을 만드는 것

"저는 노력이나 성실성 같은 거창한 말보다는 습관이 중요하다고 봐요.
노력하고 성실한 거야 당연하죠. 그런데 그런 태도를 만들어내는 것이 습관이거든요.
수업 열심히 듣고 스스로 공부하는 습관을 길렀기 때문에 성실해진 겁니다."

하루에 영어 독해 문제를 5개씩만 푼다고 가정해 보자. 휴일은 쉬더라도 1년에 총 몇 개의 영어 지문을 보게 될까. 자그마치 1,565개나 된다. 지문 1개당 모르는 단어를 3개씩만 외운다고 해도 4,695개에 달한다.

수학도 그렇다. 매일 10문제씩만 푼다고 가정하면 3,000개가 넘는 문제를 1년 동안 풀어내는 셈이다. 공부를 좀 한다는 학생치고 하루에 수학 10문제만 풀고 마는 학생은 찾아보기 힘들다. 훨씬 많은 분량의 문제를 풀어가며 연습한다.

공부를 잘하기 위해서는 노력과 성실성, 끈기, 집중력 등의 요소가 필수적이다. 이런 요소는 서로 긴밀하게 연결되어 있다. 좋은 성적을 얻기 위해 노력하는 과정에서 끈기가 길러지고 집중력도 생긴다. 결국 부단한 훈련을 통해 좋은 결과를 얻을 수 있으며, 숱한 시험을 거쳐 단련이 되는 셈이다.

학생들에게 '공부를 잘하기 위해 필요한 요소가 무엇이라고 생각하는지'를 질문해 보았다. 어려운 입시 전쟁을 치른 뒤에 명문대에 합격한 학생들도 그와 같은 통념에 동의하는지를 파악하기 위해서였다. 설문조사를 위해 250명의 학생들에게 가장 중요하게 생각하는 항목 두 가지를 쓰도록 했다.

결과는 예상과 크게 다를 것이 없었다. 대부분 노력과 성실성, 끈기 등이 중요하다는 응답이었다. 그런데 조사 결과에서 눈에 띄는 부분이 있었다. 바로 '습관'이었다. 학생들 가운데 57명이 '습관이 중요하다'고 응답했다. 습관이라는 요소가 성실성과 노력, 끈기에 이어 4위를 차지했다.

강창훈 군(서울대)의 이야기를 들어보자.

"저는 노력이나 성실성 같은 거창한 말보다는 습관이 중요하다고 봐요. 노력하고 성실한 거야 당연하죠. 그런데 그런 태도를 만들어내는 것이 습관이거든요. 수업 열심히 듣고 스스로 공부하는 습관을 길렀기 때문에 성실해진 겁니다. 자기 관리가 몸에 붙어야 하는데, 그게 바로 습관의 힘이죠."

초등학교 6년에 중고등학교 6년, 이렇게 12년을 보내는 동안 누구나 한두 번쯤은 예상 밖의 좋은 성적을 낼 때가 있다. 어쩌다가 시험 공부를 충실히 했을 때도 있고, 평소보다 아는 문제가 많이 나온 경우도 있을 것이다.

하지만 대다수 중위권 학생들은 이같은 상승 페이스를 지속적으

로 이어가지 못한다. 갑자기 도약을 했다가 다시 원점으로 돌아가는 형국인데, 이는 어쩌다가 해본 공부를 습관으로 만드는 데 실패했기 때문이다.

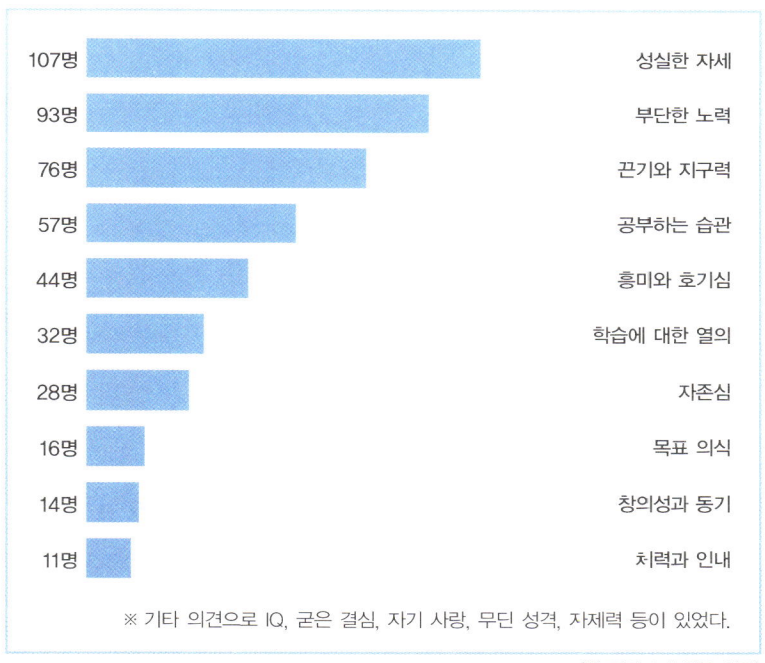

>> 공부를 잘하기 위해 필요한 것은 무엇이라고 생각합니까?

107명	성실한 자세
93명	부단한 노력
76명	끈기와 지구력
57명	공부하는 습관
44명	흥미와 호기심
32명	학습에 대한 열의
28명	자존심
16명	목표 의식
14명	창의성과 동기
11명	치력과 인내

※ 기타 의견으로 IQ, 굳은 결심, 자기 사랑, 무딘 성격, 자제력 등이 있었다.

〈한 명당 2개 항목 선택〉

습관은 무서운 것이다. 매일 반복되는 습관은 중독성이 강하다. 습관처럼 굳어진 공부를 안 하게 되면 뭔가 중요한 것을 놓친 것 같은 허전함이 마음을 지배하고, 이 정체불명의 허전함은 이내 불안감으로 이어진다.

학생들은 공부가 따분할 때마다 '자존심'을 생각했다고 한다. 실제로 설문조사에 응한 학생들 중 28명이 자존심을 공부의 중요한 요소로 꼽았다. '자기 사랑'이라는 비슷한 답변까지 합하면 30명이나 된다. 다시 말해, 자기를 사랑하는 습관이 붙은 아이들이 자신의 미래도 소중하게 여긴다.

노력이 쌓이면 자연스럽게 성적 향상이라는 결과물을 이끌어낸다. 성적을 올리는 것은 그리 어려운 일이 아니다. 시험 범위를 잘 챙겨가며 평소보다 충실하게 대비하면 좋은 점수를 얻을 수 있다.

그러나 그렇게 받은 성적을 오랫동안 지키고, 그보다 높은 단계로 나아가는 것은 또다른 차원의 일이다. 아니, 이전의 노력보다 훨씬 어려운 과정이다. 그것은 새로운 습관을 만들어내고 그것을 꾸준하게 지키는 일이기 때문이다.

아더 코스타(Arthur Costa)나 비너 캘릭(Bena Kallick) 같은 교육학자는 '마음의 습관(Habits of Mind)'이라는 이론을 통해 습관의 중요성을 강조하고 있다. 어려운 문제에 봉착했을 때, 그것을 풀어내는 능력이 '습관'에서 나온다는 이론이다. 끈기, 융통성, 상위인지 능력 등이 모두 반복을 통해 몸에 배는 습관의 경지에 이른다는 것이다.

선배에게 참고서를 물려받은 적이 있다면 '공부의 습관'이라는 부분에 공감할 것이다. 참고서를 보면 어떤 책은 앞부분만 열심히 공부한 흔적이 남아 있고, 중간 이후부터는 깨끗하다. 실제로 헌책방에 나오는 중고등학교 교재들 가운데 80퍼센트 이상은 새 책과 다를 바 없다. 앞날개 안쪽에 적힌 학교와 반, 이름이 중고 서적임을 입증할 뿐이다.

이것은 책을 끝까지 보는 습관을 들이는 데 실패했기 때문이다. 성적이 오르지 않는 것을 참고서 탓으로 여겨, 이 책 저 책을 기웃거리는 습관을 몸에 붙였다는 반증이기도 하다. 고재를 끝까지 보는 습관을 들인 학생들은 그다지 많지 않다. 이 '소수의 대열' 속으로 한 걸음 내딛는 것은 바로 습관에서부터 시작된다.

밤샜다고 공부를 열심히 한 것은 절대 아니다

학습량을 계산할 때, 우등생들은 '공부에 전념한 시간'을 기준으로 한다. 반면 중위권 이하 학생들은 '공부 장소에 있었던 시간'을 기준으로 삼아 학습 시간을 산출한다.

세계 30여 개국의 학생들이 참여하여 수학, 과학 성적을 비교하는 연구가 그간 여러 차례 있었다. 그러나 결과는 언제나 비슷하다. 한국과 일본, 싱가포르 등의 아시아 학생들이 최상위를 차지하는 반면 미국 중고생들은 언제나 중하위권에 머문다는 것이다. 특히 고학년으로 올라갈수록 격차는 더욱 벌어진다.

이러한 현상에 대해 미국의 일부 학자들은 '공교육의 위기'를 들먹이기도 한다. 한 가지 재미있는 결과는 매번 미국 학생들이 훨씬 성적이 좋은 아시아권의 학생들보다 높은 자신감을 보였다는 점이다. 한마디로 미국 학생들은 실제 실력보다 스스로를 높게 평가하고 있었다.

우등생들은 자신에 대한 높은 기대치를 갖고 있다. 그래서 스스로에 대한 평가에 인색하다. 자기 평가에 후한 것이 결국에는 목표를 달성하는 데 도움이 되지 않는다는 것을 스스로가 이미 인식하고 있기 때문이다.

최진환 군(서울대)의 독서실 체험기를 들어보자.

"중간고사나 기말고사 때가 되면 독서실이 만원이 돼요. 평소에 가방만 놓고 없어졌던 애들까지 전부 오거든요. 하나같이 밤샌다고 난리예요. 그런데 초저녁에는 휴게실에서 텔레비전 보다가 밤 늦은 시간에 편의점으로 가요. 밤을 새우려면 배가 든든해야 한다면서 컵라면을 먹으러 가는 거예요. 컵라면 먹는 데 보통 1시간 정도 걸리죠. 이런 친구들을 보면 거의 비슷해요. 공부는 길어야 30~40분이에요. 자주 들락거리고 새벽 두세 시까지 노닥거려요. 그러고는 집에 가서 '밤샜다'고 하죠. 그러니 시험을 잘 볼 리가 있겠어요. 저도 원래 그랬기 때문에 잘 알아요."

우등생들은 자신에 대한 평가에 인색한 편이다. 그들은 철저하게 자기 시간을 관리한다. 예를 들어 50분 학습하고 10분 동안 쉰다면, 50분만을 공부한 시간으로 계산한다. 50분 안에 목표량을 달성하지 못할 경우 휴식시간을 스스로 몰수하기도 한다. 목표에 도달하지 못한 자신에게 벌을 내리는 것이다.

반면 중위권 이하 학생들은 자기 평가에 후하다. 독서실에서 1시간 공부하고 새벽까지 노닥거려도 밤을 새웠다고 생각한다. 공부를 했다고 말하는 1시간에도 함정이 숨어 있다. 그 속내를 세밀하게 분석해 보면, 실제 공부 시간은 몇 분에 지나지 않는 경우가 허다하다.

>> 부모님으로부터 '공부하라'는 말을 많이 들은 편입니까?

116명	가끔 들었다
87명	잔소리를 많이 들었다
31명	별로 듣지 않았다
14명	강요 수준이었다
2명	전혀 들은 적이 없다

　　결국, 기준이 다른 것을 알 수 있다. 우등생들은 '공부에 전념한 시간'을 기준으로 하는 반면 중위권 이하 학생들은 '공부 장소에 있었던 시간'을 기준으로 삼아 학습 시간을 산출한다.

　　많은 학생들이 좋은 성적을 얻기 위해 밤을 새워 공부를 한다. 그렇지만 아무리 밤을 새워도 순식간에 성적이 올라가는 것은 아니다. 첫번째 이유는 평소에 공부를 하지 않아서이다. 벼락치기 공부에는 분명 한계가 있다.

　　두 번째 이유는 밤을 새워 하는 공부마저 제대로 하지 않기 때문이다. 밤을 새운 내용을 분 단위로 따져보면 해답이 나온다. 대개는 친구들과 어울리거나 책상에 앉아 다른 생각을 한다. 결국, 책상 앞에 앉아 있는 시간이 전부 공부 시간은 아닌 것이다. 하루에 5시간을 공부에 할당했다고 하더라도, 그중 정작 공부에 몰두한 시간은 30분도 채 되지 않는 경우가 많다.

　　성적은 책상 앞에 앉아 있는 시간에 비례하지 않는다. 우등생은 집중력을 관리하는 것에서부터 만들어진다. 독서실에서 몇 시간을 보냈는가보다는, 그 시간을 어떻게 활용했는지를 기록해 보는 것이 '밤샘 공부의 거품'을 뺄 수 있는 현명한 방법이다.

오랜 시간 무언가에 집중하는 것은 누구에게나 쉽지 않은 일이다. 집중은 훈련에서 싹튼다. 지겨움을 느끼게 되면 집중력은 떨어지기 마련이다. 그리고 결국 친구가 보내온 휴대폰 메시지에 쉽게 흔들린다. 시간을 허비하다 보면 공부에 집중할 수 있는 시간은 그만큼 더 줄어들게 되며, 어려운 과목은 더욱 어렵게 느껴진다. 자신감을 잃고 시간만 버리는 악순환이 반복되는 것이다.

여러 과목을 번갈아
공부하면 집중력이 높아진다

중위권 이하 학생들이 지루함을 이겨내지 못하고
공부 외에 다른 곳으로 눈을 돌린 반면, 우등생들은 다른 과목으로의
전환을 통해 분위기를 바꿔 집중력을 이어갈 수 있었다.

조사에 응한 대다수의 학생들이 "집중하기 위해 여러 과목을 번갈아 가며 공부한다"고 응답했다. 어찌 보면 이율배반적인 답으로 들릴 수도 있겠다. 여러 과목을 번갈아 학습한다는 것이 산만하고 헷갈릴 수도 있다는 우려 때문이다.

강연욱 군(서울대)은 "한 가지만 오래 하다보면 지겹고 힘들어서, 여러 과목을 한 시간 간격으로 돌아가면서 공부했다"고 응답했다. 그러나 수학의 경우, 문제풀이에 재미가 붙을 때는 3시간 이상 공부를 한 적도 있었다고 말했다.

설문에 응한 250명의 학생들 가운데 123명이 '여러 과목을 번갈아 공부했다'고 답변했다. 반면 '한 과목을 집중적으로 파는 스타일'이라고 응답한 학생은 89명이었다.

최수영 양(서울대)은 "수학 실력이 부족해서 처음에는 수학 시간을 길게 잡아놨지만, 한 과목에 집중할 수 있는 시간이 오래 지속되지 않아 여러 과목을 번갈아 볼 수밖에 없었다"고 응답했다. 최 양은 처음에 하루 2시간씩 수학 공부를 하기로 결심했다. 그러나 1시간만 지나면 좀이 쑤시고 머리가 아파서 더 이상 공부에 집중할 수 없었다.

최 양은 "한 과목을 오래 파는 애들도 있는데, 이런 애들은 체력이 대단해서 아무나 따라하기 어렵다"고 말했다. '한 과목에 집중했다'는 89명이 이와 같은 스타일이라고 볼 수 있다.

어쨌든 조사에 참여한 명문대생 가운데 다수는 '한 과목 공부에 오랜 시간 집중하는 것이 어려웠다'고 실토한 셈이다.

하지만 그 대응 방식에서 중위권 이하 학생들과 분명한 차이점을 드러냈다. 중위권 이하 학생들이 지루함을 이겨나지 못하고 공부 외에 다른 곳으로 눈을 돌린 반면, 우등생들은 다른 과목으로의 전

>> 한 과목을 오래 공부했습니까, 아니면 여러 과목을 번갈아 공부했습니까?

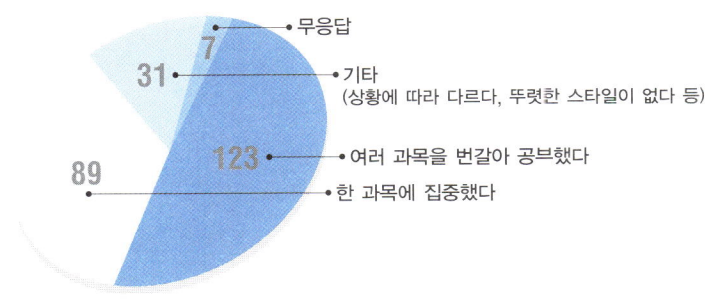

7 • 무응답

31 • 기타
(상황에 따라 다르다, 뚜렷한 스타일이 없다 등)

123 • 여러 과목을 번갈아 공브했다

89 • 한 과목에 집중했다

환을 통해 분위기를 바꿔 집중력을 이어갈 수 있었다.

최수영 양은 "어려운 과목을 좋아하는 과목 사이에 끼워 넣는 방식으로 시간표를 짜서 공부를 했는데, 질릴 만하면 다른 과목을 공부할 시간이어서 꽤 효과를 봤다"고 말했다.

변화가 없는 단순한 패턴이 오래 지속되면 싫증이 나고 기피하는 마음이 생기게 된다. 집중력을 관리하기 위해서는 우선 스스로를 모니터할 필요가 있다. 만약 주의가 산만해지고 지겨워진다면 과목을 바꾸어 공부해 보자.

'중첩 효과'라는 것이 있다. 눈에 익숙하지 않았던 비슷한 패턴이 모일 경우, 전부가 동일한 것으로 보이기 때문에 잘 분간이 가지 않는 현상을 의미한다.

공부를 할 때도 이런 중첩 현상이 나타난다. 처음에는 주의력을 가지고 살펴보지만 시간이 지날수록 집중도가 떨어지면서 공부가 지겨워지기 시작한다. 따라서 한 과목을 오래 붙들고 있는 것은 손해를 볼 가능성이 높다. 결국 중첩 효과가 나타나면 노력한 만큼 효율이 오르지 않는 결과를 초래하게 된다.

학교 수업이 45~50분인 것에는 이유가 있다. 보통 사람의 주의 집중시간(attention span)이 길어야 30분에 불과하다는 경험과 이론에 따른 것이다.

학교 수업이 1시간 단위로 바뀌는 것처럼, 자습을 할 때도 시간표를 만들어 여러 과목을 번갈아 공부하는 것이 집중력을 키우는 효과적인 방법이다. 수학이 지겨우면 영어를 공부하고, 영어가 지겨우면 국어를 공부해 보자. 목표를 정하고 자신과의 약속을 시간 내에 지키기 위해 노력하다 보면 이와 같은 공부 습관이 몸에 배어 더욱 효율적으로 시간을 운용할 수 있게 된다.

좋아하는 과목부터 시작한다

쉬운 과목부터 시작하는 목표 설정을 통해 자신감을 유발해 보자.
그 자신감이 여유라는 선물을 준다. 또 여유는 어렵게 느꼈던 과목을 충분히
공부할 수 있는 시간을 가져다 준다. 이것이 선순환의 시작이다.

남지희 양(서울대)은 공부를 할 때 항상 수학을 맨 뒤로 미뤘다. 영어와 국어 과목 등을 먼저 공부한 뒤 마지막으로 수학 시간을 배정하는 것이 이 학생의 공부 습관이었다.

남지희 양은 "쉬운 과목이 자신감을 갖게 해준다"고 말한다. 어려운 과목부터 시작할 경우, 진도가 붙지 않고 따분해질 수 있다는 것이 그녀의 생각이다.

설문조사에 응한 대다수의 학생들 역시 "쉬운 과목부터 해치우고 차츰 어려운 과목으로 옮기는 방식으로 공부를 했다"고 응답했다.

대부분의 경우, 좋아하는 과목이 쉬운 과목이다. 이런 과목은 목표를 달성하기에 용이하며, 목표량을 공부하는 데에도 오랜 시간

이 걸리지 않는다. 평소에 관심을 가진 터라 이미 알고 있는 부분들이 많기 때문이다.

정해진 시간 안에 목표량을 해치우고 나면 저도 모르게 자신감이 붙는다. 그런 자신감이 다른 과목으로 이어지고, 가벼운 마음으로 어려운 과목의 공부를 시작할 수 있게 되는 것이다.

쉬운 과목부터 시작하는 공부는 시간 관리에도 도움이 된다. 목표 시간보다 일찍 마침으로써 어려운 과목의 학습을 위한 여유 시간을 벌 수 있기 때문이다.

반면, 어려운 과목부터 시작한다면 난관에 부딪힐 가능성이 높다. 진도가 술술 나가지 않으면 목표 시간에 맞출 수 없을 것 같아 초조한 마음이 든다. 그리고 결국 예정 시간을 넘겨버리고 다른 과목에 할애할 시간을 빼앗겨 그날의 공부량에 막대한 지장을 주게 된다.

끝내는 자신감마저 잃게 되는데, '거 봐. 나는 수학(영어, 국어, 물리)에는 정말 소질이 없다니까' 하면서 실망감만 쌓여간다. 목표량을 채우지 못하고 다음날로 미루면, 해야 할 일이 자꾸만 늘어나면서 악순환이 반복된다. 결국에는 좋아하던 과목을 공부할 시간마저 놓치게 되는 것이다.

모든 목표 관리가 그렇다. 목표에 도달하기 위해서는 쉬운 일부터 털어내는 것이 가장 우선시되어야 한다.

그러나 사람마다 스타일이 다를 수도 있다. 어려운 일부터 시작해 점차 가속도가 붙는 재미를 만끽하는 사람도 있다. 그러나 만에 하나, 출발이 엉킬 경우를 미리 염두에 두어야 한다. 출발점에서 넘어지고 난 뒤 심리적으로 위축되지 않는 사람을 발견하기란 어려운 일이다.

쉬운 과목부터 시작하는 목표 설정을 통해 스스로에게 자신감을 심어주자. 그 자신감은 여유라는 선물을 주고, 여유는 어렵게 느꼈던 과목을 충분히 공부할 수 있는 시간을 가져다 준다. 이것이 선순환의 시작이다.

공부 스케줄에 지나치게 얽매일 필요는 없다. 다만 자신과의 약속을 시간 내에 지키기 위해 노력해 보자. 참고서나 문제집 아래쪽에 목표 날짜를 '6월 21일, 7월 5일' 하는 식으로 적어두고 무슨 일이 있어도 그때까지 마치려는 습관을 들이다보면 점점 공부가 쉬워질 것이다.

공부는 연습장 사용량과
비례하지 않는다

공부 습관을 들이다보면 망각에 대한 내성이 생긴다.
잊어먹는 것을 두려워하지 않는다는 의미이다.
입력과 소실, 재입력을 반복하는 과정에서 흐튼한 틀이 형성된다.

주 위를 살펴보면 연습장을 깨알 같은 글씨로 가득 채우면서 공부하는 학생들이 적지 않다. 영어 단어를 외우거나 암기 과목을 공부할 때 학생들은 이처럼 연습장을 활용한다.

학교에서도 연습장 숙제를 내주는 선생님들이 간혹 있다. 영어 단어처럼 암기할 것들을 연습장에 석 장씩 써오라는 숙제이다. 약삭빠른 일부 학생들은 볼펜 두 개를 사용해 요령을 부리기도 한다. 볼펜을 묶어 두 줄씩 써서 연습장을 메우는 식이다.

중요한 부분을 쓰면서 되뇌는 것은 확실히 암기에 도움이 된다. 단어의 스펠링을 기억하려면 써보는 것만한 방법이 없다. 교재에 나와 있는 내용을 직접 쓰면서 손으로 익히고, 그것을 다시 보면서 입속말로 익히는 '멀티 패턴'으로 기억하는 방식이다.

그러나 도를 지나치면 안 하는 것만 못한 결과를 초래하기도 한다. 예컨대 단어를 쓰면서 암기할 경우 연습장에 단어를 계속 쓰다가 엉뚱한 길로 빠지는 경우가 더러 있다.

처음 몇 번은 연습장에 글씨를 쓰는 것이 두뇌와 함께 움직이지만, 그것이 반복될수록 쓰기와 암기가 따로 논다. 글씨를 쓰면서 결국 다른 생각을 하게 되는 셈이다. 이렇게 되면 '연습장 도배질'이 주가 되고 암기는 뒷전으로 밀린다.

권오영 군(경희대 한의대)은 "어떤 영어 단어가 잘 외워지지 않더라도, 다섯 번 정도 써보고 다른 단어로 넘어가는 것이 좋다"고 말한다. 그렇게 해서 외우지 못하더라도 일단은 미련을 버려야 한다는 것이다. 즉, 다른 단어로 넘어가는 편이 유리하다는 것인데, 잘 외워지지 않는 단어에 집착하다가 정해진 시간에 단어 10개를 외우는 것보다는, 50개를 접하고 그중에서 15개를 건지는 게 훨씬 현명하다는 설명이다.

공부는 경험을 통해 확률을 높여가는 일이다. 다양한 지식을 접할수록 '앎의 스펙트럼'이 넓어진다. 시험에 출제되는 문제는 넓어진 스펙트럼 속에 반드시 걸려들게 되어 있다. 최소한 처음 보는 낯선 단어를 접했을 때보다, 어디선가 본 듯한 단어를 만났을 때 긴장을 덜 하게 된다.

"단어 외울 때 서너 번 써보고 넘어가니까, 제 짝이 '너는 머리가 좋아서 대충 해도 외우는구나' 하고 얘기한 적이 있는데요. 사실 그렇지는 않아요. 그렇게 해서 암기한 것도 있지만 안 그런 것도 많아요. 까먹으면 또 외우고, 잘 모르겠다 싶으면 다시 외우고 그런 반복의 연속이죠."

공부 습관을 들이다보면 망각에 대한 내성이 생긴다. 잊어먹는 것을 두려워하지 않는다는 의미이다. 결국 입력과 소실, 재입력을 반복하는 과정에서 튼튼한 틀이 형성되는 것이다.

연습장 사용량이 다른 친구들에 비해 많다면 스스로 생각해 보아야 한다. 암기 스타일에 문제가 있는지, 본말이 전도된 '연습장 도배질'을 하고 있는 것은 아닌지 말이다. 물론, 수학처럼 풀이 과정이 필요한 경우는 예외다. 수학이나 일부 과학 과목의 경우에는, 성적이 사용한 연습장 분량에 비례하기도 한다.

일부 교사들이 연습장 숙제를 내준다면, 그것은 공부를 전혀 하지 않는 학생들을 겨냥한 배려라고 봐야 한다. 그렇게 해서라도 공부를 시키겠다는 의도가 그 안에 숨어 있다.

학습은 머릿속에 들어온 정보를 자신이 이미 가지고 있는 배경 지식에 연관시킬 때에만 이루어진다. 그냥 반복하는 것만으로는 충분하지 않다는 이야기이다. 영어 단어나 수학 공식을 반복해서 외우는 경우, 무엇보다 패턴 찾기에 주의를 기울이는 것이 좋다. 흩어져 있는 다양한 지식 속에서 패턴을 찾아낸다면 그 내용을 더욱 쉽게 이해하고 암기할 수 있게 된다.

주변 핑계는 이제 그만

"공부는 어디서든 할 수 있어요. 잘되는 때도 있고 잘 안 되는 때도 있죠.
잘 안 되면 쉬는 게 나아요. 그렇지만 괜한 핑계를
갖다 붙이면 곤란합니다. 핑계를 만들다 보면 한이 없거든요."

대다수의 수험생들은 각자의 집에서 매우 특별한 존재이다. 일종의 '특권'을 누린다고도 볼 수 있다. 온 가족이 수험생의 눈치를 보게 되는데, 거실에서 텔레비전을 보던 아버지는 안방으로 쫓겨 들어가고, 떠드는 동생들도 호된 꾸지람을 듣는다. 부모님은 이처럼 일사불란하게 수험생의 요구를 파악하고 들어준다. 이것은 수험생을 둔 상당수 가정에서 볼 수 있는 매우 익숙한 풍경이다.

이런 환경에 처한 학생들은 바늘 떨어지는 소리도 들릴 정도의 조용한 곳에서만 공부를 할 수 있다고 믿는다. 그런 탓에 주위에서 속삭이는 소리만 들려도 신경을 곤두세우곤 한다.

그렇다면 우등생들의 공부 환경은 어땠을까.

최재용 군(서울대)은 학교 야간자율학습 시간을 주로 활용한 경우이다. 말이 자율학습이지, 학생들의 선택권은 전혀 없었다고 최 군은 회상한다. 고등학교 2학년이 되자마자 최 군은 매일 밤 11시까지 교실에 붙잡혀 있어야 했다. 이런 자율학습을 시행 중인 학교가 우리나라에는 적지 않다.

"잘 아시는 것처럼 별의별 애들이 다 있잖아요. 선생님이 조금만 감시를 소홀히 해도 금세 소란스러워져요. 떠드는 애들도 한둘이 아니고 너무 어수선하죠. 그래도 공부하는 애들은 할 것 다 해요."

신성재 군(고려대)은 "대학에 들어와서야 공부방이 생겼다"고 털어놓았다. 공부방은 바로 기숙사를 의미했다. 신 군은 가정형편이 좋지 못한 편이어서 삼형제가 한 방을 썼는데, 그는 그중 셋째 아들이었다. 위로 맏형과 둘째형은 모두 대학 진학에 실패했다.

"휴일에는 학교 빈 교실에서 공부했고요. 집에 있을 때는 구석에 밥상을 펴놓고 공부했어요. 그것도 귀찮으면 엎드러서 했고요. 형들이 술 마시고 들어와서 장난을 걸기도 했는데 그렇게 심한 정도는 아니었어요. 공부에 집중하면 누가 말을 걸어도 안 들릴 때가 많아요."

설문조사에 응한 250명의 학생들에게 '어떤 환경에서 공부를 했는지'를 질문해 보았다. 조용하고 정돈된 독서실이나 공부방이라고 응답한 학생은 생각보다 적었다.

학생들 가운데 136명이 '아무 데서나 공부를 했다'고 응답했다. 74명은 한술 더 떠 '누워서든 엎드러서든 책을 봤다'고 말했다. 정돈된 환경을 꼽은 학생은 27명에 불과했다. 결국 조사 대상 학생들 가운데 84퍼센트가 '공부 장소는 중요하지 않다'고 응답한 셈이다.

　조용하고 정돈된 환경이 공부에 집중하는 데 도움이 되는 것은 사실이다. 하지만 그런 환경에서만 공부를 할 수 있는 스타일이라면 문제가 발생할 수밖에 없다. 우리의 일상생활은 소음으로 가득 차 있기 때문이다.

　우등생들은 주위 환경으로부터 스스로를 보호할 줄 안다. 자신의 집중력을 통제함으로써 최선이 아닌 상황에서도 최상에 근접하는 성과를 거둘 수 있도록 끊임없이 스스로를 훈련시킨 결과이다.

　'좋지 않은 환경 때문에'가 아니라 '좋지 않은 환경에도 불구하고'라는 점이 그들을 다른 학생들과 다르게 만든다.

　공부 환경에 지나치게 민감한 학생들에게 신성재 군은 다음과 같이 충고한다.

　"공부는 어디서든 할 수 있어요. 잘되는 때도 있고 잘 안 되는 때

>> 어떤 환경에서 공부했습니까?

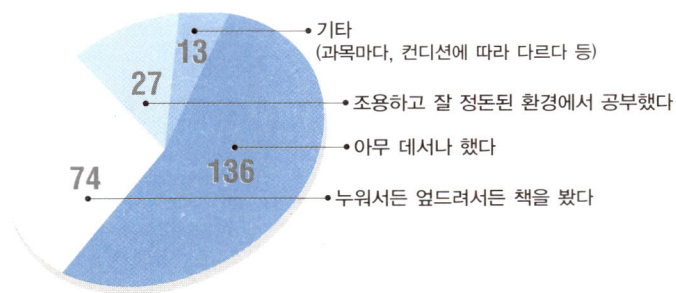

- 13 　기타
　(과목마다, 컨디션에 따라 다르다 등)
- 27 　조용하고 잘 정돈된 환경에서 공부했다
- 136 　아무 데서나 했다
- 74 　누워서든 엎드려서든 책을 봤다

도 있습니다. 잘 안 되면 쉬는 게 나아요. 그렇지만 괜한 핑계를 갖다 붙이면 곤란합니다. 핑계를 만들다보면 한이 없거든요."

공부하다 막힐 때는
그날 당장 해답을 찾아라

일단 스스로 찾아보고, 어려우면 도움을 청해서라도
모르는 것은 반드시 알고 지나가야 한다.
이렇게 고생해서 얻어진 지식은 쉽게 잊혀지지 않는다.

우등생이라고 해서 교과서나 참고서의 내용을 한 번 보고 이해할 수 있는 것은 아니다. 긴 영어 문장이 무슨 뜻인지 몰라 난감해 할 때도 있고, 어려운 수학 문제를 한참 동안 풀어야 하는 경우도 있다. 고난이도 문제는 어지간한 노력에도 좀처럼 풀리지 않는다.

우등생들은 "처음 공부할 때가 제일 중요하다"고 말한다. 처음 이해한 만큼 실력이 나온다는 이야기이다. 그런 아이들은 모르는 부분이 나올 경우 스스로 해결하려고 노력한다.

"공부를 하다보면 갑자기 막힐 때가 있어요. 이렇게도 해보고 저렇게도 해보죠. 그러다 시간이 없으면 일단 넘어가요. 그리고 여유 있을 때 다시 봐요. 혼자서 자꾸 생각을 해보는 게 중요해요. 스스로 노력해서 해답을 찾아내야 해요.”

이선종 군(서울대)의 말이다.

한참 동안의 노력 끝에 어려운 수학 문제를 풀었다고 생각해 보자. 정답을 확인하는 순간, 기쁨이 휘몰아친다. 고생 끝에 낙이 온다는 말은 이럴 때 쓰라고 있는 것이다. ‘발견의 즐거움’을 만끽하는 순간이다. 이것은 일부 우수한 성적의 학생들이 ‘공부가 즐거웠다’고 응답한 이유이기도 하다(61쪽 참조).

하지만 갖은 노력에도 불구하고 교과 내용을 이해하지 못할 때가 간혹 있다. 이럴 때는 ‘반드시 그날 안에 해결하라’는 것이 선배 우등생들의 충고이다.

선생님이나 학원 강사에게 묻거나, 친구에게 설명을 부탁해야 한다. 뻔뻔스러울 만큼 꼬치꼬치 물어야 한다. ‘이런 것도 모르냐’는 핀잔을 두려워해서는 안 된다.

모르는 것은 창피한 일이 아니다. 오랫동안 학생들을 가르쳐보니, 우등생일수록 질문이 많다는 것을 알 수 있었다. 모르는 것이 많거나 자존심이 없어서가 아니다. 호기심을 갖고 항상 새로운 도전 과제를 찾아내기 때문이다.

모르던 것을 이해했는지 진단하는 방법에는 두 가지가 있다. 하나는 그 부분을 자신이 납득할 수 있도록 스스로 설명해 보는 것이다. 학생들을 가르치면서 자주 느끼는 일이지만, 가르치는 것만큼 좋은 공부 방법이 없다. 대충 이해한 정도로는 가르칠 수가 없다. 내가 확실히 알지 못하는 것을 납득할 수 있도록 설명한다는 것이 불가능하기 때문이다.

가르쳐준 사람의 방식을 자신의 스타일로 재해석해서 스스로에게 설명해 보자. 그러면 그 내용을 얼마나 잘 이해하고 있는지 쉽게 파악할 수 있을 것이다.

또 하나는 비슷한 유형의 문제를 찾아서 인이 박일 때까지 풀어보는 것이다. 분명히 '이제 알았다'고 생각했는데 실제로는 딴판인 경우가 있다. 특히 수학 공부를 할 때, 문제 유형이 조금만 바뀌어도 응용할 수 없다면 제대로 알았다고 볼 수 없다. 비슷하지만 다른 유형의 문제를 자꾸 풀어보면 자신이 어느 정도로 이해했는지가 분명해진다.

일단 스스로 찾아보고, 어려우면 도움을 청해서라도 모르는 것은 반드시 알고 지나가야 한다. 이렇게 고생해서 얻은 지식은 쉽게 잊혀지지 않는다. 쉽게 외웠던 영어 단어들은 잊혀지는 경우가 많지만, 잘 외워지지 않아 힘이 들었던 단어는 어른이 된 이후까지도 기억에 남는다. 어렵게 얻은 승리가 더 소중하다고나 할까.

자존심이 상한다고 그냥 넘어가면 고질이 된다. 고질은 두고두고 약점이 되기 마련이다. 잘 생각해 보면, 스스로 약하다고 생각하는 과목들이 대개 이런 유형에서 시작된다. 우등생 선배들은 그래서 '처음 공부가 중요하다'고 강조한다.

출발은 복습만으로 충분하다

"복습이 제일 중요해요. 뭐든지 한 번 들여다보는 건
감만 잡는 수준이에요. 하지만 두 번째부터는 달라지죠.
반복해서 공부할 때는 능률이 두 배가 아니라 네 배 정도 올라요."

흔히 '공부를 잘하기 위해서는 예습과 복습을 균형 있게 해야 한다'고 말한다. 좋은 성적으로 명문대에 입학한 학생들이 실제로 그렇게 실천했는지를 확인해 보았다. 조사 대상자들 250명 가운데 244명이 이 질문에 응답해 주었다.

그런데 다소 의외의 결과가 나왔다. 예습보다는 복습을 철저히 했다는 학생이 많았다. 설문에 응한 학생들 가운데 119명이 '복습에 치중했다'는 것이었고, 예습에 큰 비중을 둔 학생은 23명 정도였다. 이른바 '복습형 인간'이 많았던 셈이다

그렇다면 학생들의 '복습론'을 들어보자.

"똑같은 것을 수없이 반복해서 보는데 예습이 무슨 필요가 있겠어요. 예습은 하면 좋고 안 해도 크게 상관은 없어요. 그렇지만 복

습의 경우는 달라요. 그날 배운 것을 그날 복습하지 않으면 기억에 남을 확률이 줄어들죠."(서울대 박재선 양)

"복습이 제일 중요해요. 그저 한 번 들여다보는 건 감만 잡는 수준이에요. 하지만 두번째부터는 달라지죠. 반복해서 공부할 때는 능률이 두 배가 아니라 네 배 정도 올라요."(서울대 유종혁 군)

임은지 양(서울대)은 "예습이 불가능했다"고 말한다. 살인적인 과목 수에 학교 숙제, 학원 숙제까지 하다보면 시간이 부족하기 때문에 복습에 치중할 수밖에 없었다는 이야기이다. 임 양은 "이론적으로는 예습이 가장 효과가 큰 것으로 알고 있지만, 그렇게 하기 어려운 것이 문제"라고 말한다.

임 양의 말은 사실이다. 실제로 예습이 복습에 비해 효과가 높다. 예습을 통해 미리 파악한 내용을 수업 때 다시 들으면 머릿속에 일목요연한 패턴을 만들기가 쉬워진다. 예습 때 정확하게 이해하지 못했던 부분을, 선생님의 강의를 통해 명쾌하게 정리할 수 있게 되는 것이다. 그러나 우리나라의 교육 현실상, 예습과 복습을 꾸준하게 하기란 쉽지 않다는 것이 문제다. 나중에 지적하겠지만, 대체로 학생들의 스케줄이 너무 빡빡하기 때문이다.

임 양은 무엇보다 "복습 타이밍을 놓치지 않는 것이 중요하다"고 강조한다. 누구나 수업을 듣고 나면 자신이 그 내용을 모두 이해한 것처럼 생각하는데, 실제로는 그렇지 않다는 것이 임 양 나름의 분석이다.

김성진 군(포항공대)은 "학교 수업만 잘 듣고 곧바로 복습을 하면 공부를 못할 이유가 없다"고 장담한다. 성적이 오르지 않는 것은

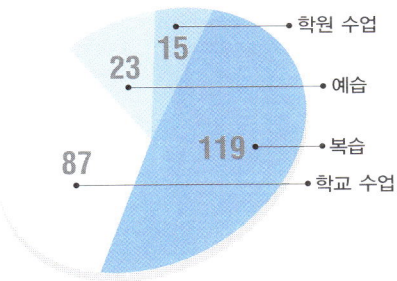

15 · 학원 수업

23 · 예습

87

119 · 복습

· 학교 수업

수업시간에 자리에 앉아 다른 생각을 하거나, 집어 가서도 전혀 들여다보지 않기 때문이라고 말한다.

김 군은 "학원 수업은 학교 수업을 안 듣는 친구들에게는 중요하겠지만, 성적이 좋으려면 일단 학교 수업을 잘 따라가야 한다"고 말한다. 하루의 절반 이상을 차지하는 학교 수업을 무시하고 좋은 성적이 나올 수 없다는 주장이다.

이처럼 복습을 한다는 전제에는, 수업을 잘 듣는다는 의미가 이미 내포되어 있는 셈이다. '학교 수업이 가장 중요하다'는 응답도 87명으로 눈에 띄게 많았다.

이경희 양(연세대)은 "전체를 100으로 환산한다면 학교 수업이 70 정도 된다"며 "혼자 3시간 동안 공부하는 것보다 학교 수업 50분에 집중하는 것이 훨씬 효과적"이라고 말했다.

학생들이 복습에 더 많은 비중을 둔 것은 이렇게 해석할 수 있다. 그것은 '되새김질을 통한 완전한 소화'를 의미한다. 아무리 수업을 열심히 듣는다 하더라도 되새김질 없이는 소화하기 힘들다.

공부는 질긴 풀을 씹는 것과 같아서 여러 번을 되풀이해서 씹어야 자신의 영양분으로 만들 수 있다.

학교 선생님이나 학원 강사가 좋은 강의를 해주어도, 그것을 받아들여 소화하는 주체는 결국 학생들 자신이다. 그만큼 복습이 중요하다는 말이다. 공부를 제대로 해보겠다는 결심이 서 있는 학생이라면 이러한 방식으로 자신의 공부 스타일을 바꿔보자. 수업에 충실하고 복습 타이밍을 놓치지 않는 것, 이것이 우등생의 기초이다. 그 기초를 다지며 실력을 쌓다보면 어느새 최상위 단계에 이르게 된다. 최상위 수준에서는 예습까지 챙기게 된다.

학원, 돌아다니면
돌아다닐수록 손해다

"유명 강사가 좋은 이유는 재미있게 가르치기 때문이죠. 학습 동기를
유발하는 데는 좋아요. 그렇지만 학생 본인이 공부하는 마음만 확실히 갖고 있다면
어느 학원이라도 상관없어요. 어떤 태도로 배우는지가 제일 중요하죠."

조 민호 군(연세대)은 초등학교 저학년 때부터 여러 학원을 전
전했다. 어머니의 성화 때문이었다. 조 군의 어머니는 주변
어머니들로부터 '어떤 학원이 잘 가르친다더라' 하는 이야기를 들
으면 그냥 넘어간 적이 없었다. 결국 그 학원을 수소문해, 어느 정
도 믿을 만하면 조 군을 데리고 갔다.

한두 달 보내 보고 기대만큼 성적이 나오지 않을 경우, 조 군의
어머니는 또다른 학원을 알아보곤 했다. 고등학교 1학년 때는 네
군데의 학원에서 차례로 수학 강의를 듣기도 했다. 집에서 1시간
걸리는 유명 학원까지 다녀봤을 정도였다. 처음에는 강의가 재미
있고 공부가 쉬워지는 것 같았지만, 정작 시험을 보면 개선의 기미
가 보이지 않았다.

결국 조민호 군이 안착한 곳은 동네 학원이었다. 동네 학원에는 조그만 자습실이 있었다. 수학 강사는 수업 1시간 전에 학생들을 자습실로 모이게 해서, 문제를 나눠 주고는 20분 안에 모두 풀라고 했다. 매번 15문제씩 풀었고, 문제풀이가 끝나면 시험지를 회수해 채점을 한 뒤 강의를 시작했다.

강사는 학생들이 많이 틀린 문제부터 강의를 시작했다. 문제풀이의 요령보다는, 왜 틀렸는지를 점검하는 쪽이었다. 강의가 끝날 때면 프린트물이 나왔다. 거기에는 어려웠던 문제들과 비슷한 유형의 문제들이 30개 정도 나와 있었다. 강사는 학생들에게 집에 가서 반드시 그 문제들을 다시 풀어보라는 숙제를 내줬고, '정답은 밤 12시에 내 홈페이지에 올릴 테니까 맞춰보라'고 말했다.

조민호 군은 그 학원 강사에게서 뾰족한 무언가를 발견하지는 못했다. 그저 조그만 동네 학원에 지나지 않았다. 어려운 문제를 쉽게 푸는 요령을 가르쳐주는 것도 아니었고, 핵심을 콕콕 찔러 비법을 전수해 주는 것도 아니었다.

조 군은 그 학원에는 6개월 이상 '장기 체류' 하게 되었다. 조 군의 어머니가 다른 학원을 알아볼 경황이 없었기 때문이다. 외할아버지의 건강이 악화되는 바람에 어머니와 이모가 교대로 병원에 다녀야 했다. 그런데 어머니가 할아버지 병 수발로 인해 여력이 없는 사이, 수학 점수가 올라가기 시작했다. 어머니는 점수를 보고 난 뒤, 더 이상 '다른 학원을 알아보자' 는 말을 꺼내지 않았다.

교육에 열성적인 대다수의 학부모들이 조 군의 어머니와 비슷한 성향을 가지고 있다. 학원에 보내고 성적이 오르지 않으면, 곧바로 다른 학원으로 옮길 생각을 한다. 성격이 급한 어머니들은 아이가 강의에 적응할 틈조차 주지 않는다. 이래서 많은 학생들이 학원 순례를 되풀이하며 시간을 낭비한다.

조민호 군의 수학 점수가 오르지 않은 것은 학원 강의의 문제가 아니었다. 강의에만 매달렸을 뿐, 자기 것으로 소화하는 과정을 제대로 거치지 않은 것이 근본적인 문제점이었다.

많은 어머니들이 아이의 잘못을, 학교 또는 학원에 전가한다. 아이가 학습하지 않은 것을 학교나 학원이 제대로 가르치지 못해서 그렇다고 몰아붙인다. 그러나 이러한 태도는 학생들에게 좋지 않은 영향을 준다. 학습을 남에게 의지하도록 만드는 것은 물론, 스스로 반성할 줄 모르는 태도를 만들어내기 때문이다.

>> 수험생 시절(재수 포함), 하루 평균 몇 시간 동안 혼자서 공부했습니까?

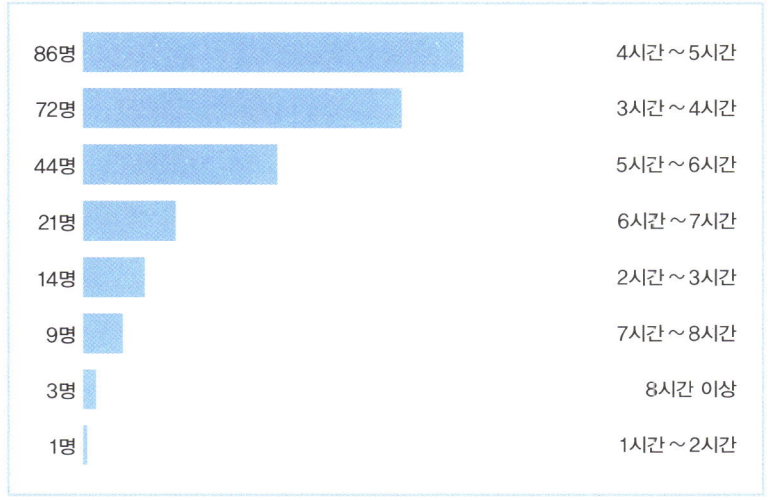

86명	4시간 ~ 5시간
72명	3시간 ~ 4시간
44명	5시간 ~ 6시간
21명	6시간 ~ 7시간
14명	2시간 ~ 3시간
9명	7시간 ~ 8시간
3명	8시간 이상
1명	1시간 ~ 2시간

지나친 학원 순례는 학생들에게서 '스스로 깨닫는 시간'을 빼앗는다. 바쁜 스케줄에 쫓겨 여러 강의를 '구경' 하는 데 치중할 뿐, 실제로 공부할 시간은 내지 못하는 격이다. 앞서 지적한 것처럼, 복습 타이밍을 놓치면 머릿속에 잔류하는 정보의 양은 급속하게 줄어들 수밖에 없다. 지나치게 빡빡한 스케줄은 결국 아이들로 하여금 예습은커녕, 복습조차 챙기지 못하게 한다.

10명의 학생이 같은 교재로, 같은 학교 수업에, 같은 학원 강의를 들어도 시험을 보면 성적이 제각각인 이유를 생각해 보자. 대부분의 원인은 복습을 하지 않기 때문이다.

조민호 군은 '학원 오디세이' 를 마친 경험을 이렇게 말한다.

"유명 강사가 좋은 이유는 재미있게 가르치기 때문이에요. 학습 동기를 유발하는 데는 좋아요. 그렇지만 학생 본인이 공부하는 마음만 확실히 갖고 있다면 어느 학원이라도 상관없어요. 학교 선생님들도 그렇지만 학원 선생님들은 거의가 실력 있는 분들이죠. 어떤 태도로 배우는지가 제일 중요해요."

4당 5락? 부족한 수면은
공부를 망칠 뿐이다

잠은 공부의 적이 아니다. 그렇다고 해서 '많이 자는 게 좋다'는 결론을 내릴 수도 없다. 250명의 조사 대상자 가운데 '실컷 잤다'고 응답한 학생은 없었다. '충분히 잤다'는 응답이 '마음껏 잤다'는 것을 의미하지는 않는다.

언제부터인가 '4당 5락'이라는 말이 교육 현장에서 빈번하게 쓰이고 있다. 4시간 자면 (대학에) 붙고 5시간 이상 자면 떨어진다는 말이다. 하지만 실제 수석 합격자들의 경험담은 이와 다르다. 그들은 하나같이 '잠은 충분히 잤다'고 말한다. 과연 어느 쪽이 진실일까.

조사 결과, '수면 시간을 기준으로는 정답을 찾을 수 없다'는 쪽이 진실이었다. 학생들을 대상으로 조사해 본 바로는 수험생 시절, 4시간 미만의 수면을 취했다는 답변에서부터 8시간 이상 충분히 잤다는 응답에 이르기까지 다양한 반응이 나왔다. 그러나 가장 많은 응답이 몰린 쪽은 5~6시간과 6~7시간이었다.

수험생들에게 수면은 '양날의 칼'이다. 잠을 잘 자야 좋은 컨디

선으로 공부할 수 있다. 잠은 뇌에 휴식을 주며 휴식은 기억 활성화에 보탬이 된다. 그러나 절대적으로 시간이 부족한 상황에서는 졸음이 공부에 방해가 되기도 한다.

윤재희 양(고려대) 역시 4당 5락이라는 말을 굳게 믿고 있었다. 고등학교 2학년 때부터 4시간 수면의 원칙을 정해 지키기 시작해서, 새벽 1시에 잠들어 5시면 어김없이 눈을 떴다. 윤 양은 '사람의 수면은 4시간으로 충분하고, 습관만 들이면 건강에 문제될 것이 없다'는 이야기를 종종 들었던 터라 그것을 신봉하고 있었다.

하지만 4시간 수면과 더불어 새로운 습관이 생겼다. 낮 시간에 병든 닭처럼 졸기 시작했던 것이다. 새벽 5시에 일어나는 것은 문제가 없었다. 1시간 정도 수학이나 영어 공부를 하고 등교해 오전 시간에는 말짱했다. 그런데 점심시간이 지나면서 비몽사몽의 경지를 헤맸고, 그러다가 오후 4시쯤 되면 정신이 들었다.

처음에는 '적응 과정이려니' 하고 생각했다. 시간이 지나면 수면 4시간만으로도 하루를 버티게 될 것으로 예상했다. 하지만 몸은 생각과 반대였다. 새벽에는 잠이 오지 않았다. 새벽 2시가 되어도 눈을 붙일 수 없었고, 지각을 하는 일이 잦아졌다. 이른바 '주침야활(晝寢夜活)'의 패턴으로 굳어진 것이다.

새벽까지 공부를 하다보면 배가 고팠고, 야식으로 라면이나 김밥 같은 것을 먹었다. 그런 생활이 계속되다 보니 몸무게가 부쩍 늘었다. 학교 계단만 올라도 숨이 가빠졌다. 이래서는 안 될 것 같았다. 결국 윤재희 양의 '4시간 수면 프로젝트'는 5개월 만에 막을 내렸다.

"4당 5락은 어른들이 억지로 만들어낸 말이에요. 저는 이제 그 말을 믿지 않아요. 자기 체력만큼 잠을 자야 한다는 사실을 건강을 망치고 나서야 깨달았어요. 위궤양 때문에 얼마나 고생했는지 몰라요."

윤 양의 친구들 중에도 4당 5락의 전설에 집착했다가 '주침야활족'이 된 친구들이 꽤 있었다. 이런 친구들은 예외 없이 성적이 내려갔다. 수업시간에 배워야 할 내용들을 놓치기 일쑤여서 스스로 학습을 해야 했고, 헝클어진 생활 리듬이 정신적인 부담을 가중시켰다.

더욱 중요한 것은, 심야에 보는 시험이란 없다는 사실이다. 오후 늦게 정신을 차려 공부하는 습관은 두뇌의 활동 시간에 한계를 가져온다. 특히 대입 수능은 오전과 낮 시간에 치러지기 때문에 수능시험을 잘 보기 위해서는 머리가 잠에서 깨어 있어야 한다.

전영숙 양(서울대)은 "졸음을 컨트롤하기 위해서는 배불리 먹지 않는 습관을 들이는 것이 좋다"고 자신의 경험담을 털어놓았다. 배가 고프다고 해서 많이 먹으면, 포만감을 느끼게 되고 마침내는 졸음을 이겨낼 수 없다는 것이 이 학생의 주장이다

다시 말해 허기가 질 때는 그것을 간신히 채울 정도로만 요기를 하는 것이 좋다. 더구나 조금씩 자주 먹는 습관이 비만을 방지하는 데에도 도움이 된다는 것이 전영숙 양의 충고이다. 그녀는 "적당히 배가 고플 때에는 머리가 맑아지고 공부가 잘되는 경향이 있다"고 말한다.

잠은 공부의 적이 아니다. 그렇다고 해서 '많이 자는 게 좋다'는 결론을 내릴 수도 없다. 250명의 조사 대상자 가운데 '실컷 잤다'고 응답한 학생은 없었다. '충분히 잤다'는 응답이 '마음껏 잤다'는 것을 의미하지는 않는다.

>> 수험생 시절, 하루 평균 수면량은?

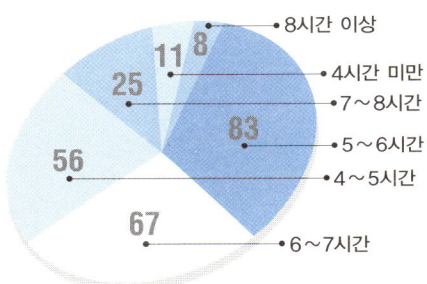

일반적으로 하품이 나면 '졸리니까 자야 한다'고 생각하는 경향이 있다. 그러나 이것은 명확한 오해이다. 뇌에는 머리를 맑게 함으로써 의식을 조절하는 부분이 있는데, 하품은 이같은 조절 작용의 일부에 지나지 않는다. 뇌에 자극을 주어 머리를 맑게 하는 일종의 자정(自淨) 작용인 셈이다.

공부를 하다가 하품이 나오면 참을 필요가 없다. '자야 한다'는 강박관념에 빠질 이유도 없다. 하품을 한 뒤 기지개를 늘어지게 켜고 나면 머리가 맑아지는 것을 느낄 수 있을 것이다.

수험생이 되면 누구라도 잠과의 실랑이를 피할 수 없다. 지친 두뇌가 휴식을 요구하기 때문이다. 반면 남아 있는 시간은 그다지 많지 않다. 위기감을 느낀 수험생들은 결국 자신을 4당 5락의 철칙으로 몰아간다. 이런 상황에 처하면 그야말로 체력전이 관건인 셈이다.

하지만 '4당 5락' 그 자체는 큰 의미가 없다. 오히려 경계해야 할 것은 그 후폭풍인 '낮에 자고 밤에 공부하는' 패턴이다. 성급한 잠과의 전쟁이 주침야활의 전주곡이 될 수 있다. 그 습관은 늦은 밤의 눈꺼풀에 비해 훨씬 두려운 대상이다.

제 2 부

아직 늦지 않았다!
중위권, 상위권으로
점프하기

스스로를 바꿀 계기를 마련하라

공부를 열심히 해야겠다는 결심의 계기는 누구에게나 있다.
그리고 한 번의 공부 성공은 좋은 공부 습관을 만들어낸다.
공부하는 습관이 붙으면 공부 안에서 즐거움을 찾는 방법을 터득하게 된다.

박 재혁 군(서울대)은 중학교 때 사고를 치고 가출한 경험이 있다. 아버지가 차량 운행 10부제 때문에 자동차를 두고 출근했는데, 운전을 해본답시고 핸들을 잡았다가 집의 담벼락으로 돌진해 정면충돌한 엄청난 사고를 저지른 것이다. 자동차의 앞부분이 심하게 망가졌고 겁이 난 박 군은 그만 친구 집으로 도망을 치고 말았다.

박재혁 군은 친구 집에서 사흘간 빌붙어 살았다. 어느 날, 화장실에 앉아 있는데 책 한 권이 눈에 띄었다. 아이아코카(미국 크라이슬러 자동차를 위기에서 회생시킨 경영인)의 자서전이었다. 그 책을 보고 박 군은 경영자가 되겠다고 결심했다. 그리고 훌륭한 경영인이 되려면 남들보다 뛰어난 사람이 되어야 한다고 생각했다.

"그래서 공부를 시작했는데요, 누나들은 제가 아버지한테 너무 맞아서 머리가 어떻게 된 것 아니냐고 걱정을 하기도 했어요."

최진수 군(포항공대)은 "왕따가 싫어 공부를 결심했다"고 말했다. 어릴 적부터 친구들은 그를 '가분수'나 '얼큰이' 등으로 불렀다. 최 군의 머리가 남들에 비해 유달리 크기 때문이다. 중학교 때는 '얼얼이(얼빵한 얼큰이)'로 불리며 놀림을 당하기까지 했다. 이 학생의 성적은 반에서 중상위 정도였다.

그런데 중학교 2학년 때 수학 선생님의 한마디가 결심의 계기를 만들었다.

"야! 거기 머리만 보이는 녀석! 나와서 이거 한번 풀어봐. 그놈 참 ET같이 생겼네."

ET라는 새로운 별명이 붙는 순간이었다. 아이들이 책상을 두드리면서 폭소를 터뜨렸다. 최 군이 마음속으로 좋아했던 여자 아이까지 웃고 있었다. 죽고 싶은 심정이었다.

최진수 군은 놀림을 당하지 않으려면 톱 클라스에 들어가는 수밖에 없다고 생각했다. 2학년 2학기 기말고사에서 최 군은 3등을 했다. 3학년 1학기 중간고사에서는 전교 6등을 했고, 2학기 중간고사에서는 전교 2등을 할 정도로 성적이 향상됐다.

"그래도 애들은 저를 ET라고 불렀지만 느낌이 그전하고는 많이 달랐어요. 놀리려는 게 아니라, 그냥 친구 별명을 부르는 정도라고 생각됐어요. 성적이 올라가니까 학교에서 저를 무시하는 사람들이 없어졌죠."

이러한 계기는 우연히 만들어지기도 한다.

오수혁 군(성균관대 의대)은 "우연히 잘 본 시험이 계기였다"고 회상했다.

오 군의 중학교 때 성적은 반에서 15등과 20등 사이를 오가는 정도였다. 잘하는 것도 없어서 그다지 눈에 띄지 않는 축에 속했다. 그런데 고등학교에 진학해서 치른 학력평가시험에서 7등을 했다. 이변이었다. 오 군은 "재수가 좋았는지 아는 문제가 많이 나왔고, 대충 찍은 것이 꽤 맞았기 때문" 이라고 말했다.

"신기했어요. 10등 안에는 처음 들어본 건데, 나도 노력하면 할 수 있겠구나 하는 생각이 들었어요. 주변에서 나를 기대에 찬 눈길로 바라보는 것 같아 규칙적으로 공부를 하기 시작했죠."

학생들의 경험을 종합하면 다음과 같다.

1. 계기가 있었다. 그 계기는 사람마다 다르다. 하지만 학생 본인이 '공부를 해야겠다' 는 굳은 결심을 할 만한 정도였다.

>> 공부가 즐거웠습니까?

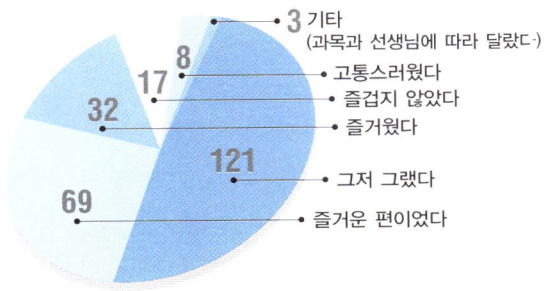

- 3 기타 (과목과 선생님에 따라 달랐다)
- 8 고통스러웠다
- 17 즐겁지 않았다
- 32 즐거웠다
- 121 그저 그랬다
- 69 즐거운 편이었다

2. '성공의 경험'이 필요했다. 단 한 번의 성공이 지속적인 학습 노력으로 이어졌다. 한 번도 성공해 보지 못한 사람은, 성공의 묘미를 알 수 없다. 일단은 성공의 맛을 보아야 노력의 구체적인 동기가 마련된다. 우연한 성공도 엄연히 성공이다.

3. 계기 마련과 성공 경험은 이를수록 좋다. 시기가 늦어지면 고통이 가중된다.

누구에게나 몇 번씩은 계기가 있기 마련이다. 계기를 찾아보라.

공부 자체가 즐거워서 하는 경우는 많지 않다. 설문조사에서 보듯 60퍼센트에 가까운 학생들이 공부가 "그저 그랬다"거나 "즐겁지 않았다"고 응답했다. 학생들은 "부모님 등 주변의 기대에 부응"하거나 "좋은 대학에 가고자 하는 열망"으로 공부했다고 대답했다.

처음에는 이처럼 외적인 동기(Extrinsic Motivation)로 공부를 하게

>> (공부가 즐겁지 않았다면) 어떤 요인이 학습 동기로 작용했습니까?

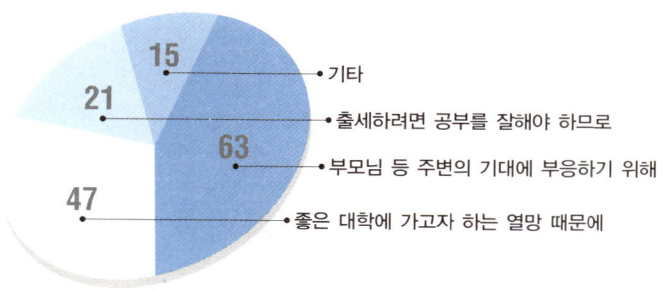

15 •기타
21
63 •출세하려면 공부를 잘해야 하므로
•부모님 등 주변의 기대에 부응하기 위해
47 •좋은 대학에 가고자 하는 열망 때문에

되더라도, 공부하는 습관이 몸에 붙으면 공부 안에서 즐거움을 찾는 방법을 터득하게 된다. 어려운 문제를 마침내 풀어냈을 때의 희열은 경험과 연습의 반복을 통해 얻어지는 것이다.

'공부가 즐거운 편이었다'고 대답한 40퍼센트의 학생들도 처음부터 공부가 즐겁지는 않았을 것이다. 부단한 연습을 통해 이러한 내적 동기(Intrinsic Motivation)를 유발시키는 데 성공한 경우로 보아야 한다.

목표를 세우고 반드시 지켜라

우등생이 되는 데는 대단한 비결이 필요 없었다. 유혹을 이겨내는
1시간으로부터 출발한다. 1시간 동안 자신을 제어해 공부에 집중한다면,
그것이 2시간으로 늘어나는 데 그리 오랜 세월이 걸리지 않는다.

박 용현 군(서울대)에게는 '불구대천의 원수' 같은 친구가 한 명
있었다. 고등학교 1학년 때 짝이 그런 존재였다. 그 친구는
전교 10등 안에 드는 우등생이었다. 박용현 군 역시 공부를 못하는
편은 아니었다. 모의고사 성적이 반에서 10등 안에는 들 정도였지
만 옆자리 친구는 항상 박 군을 무시하는 투로 말을 하곤 했다.

1학기 기말고사를 볼 때였다. 수학 시험에서 마지막 문제를 풀
지 못한 박 군은 적당히 답을 채워 넣었다. 시험이 끝나고 뒤에서
전달되는 답안지를 받아 앞으로 넘기고 있었는데, 그 순간 박 군은
그만 부정행위를 저지르고 말았다. 뒷자리(시험을 볼 때는 번호 순으
로 자리 배열이 바뀌었다) 그 친구의 답안지를 보고 마지막 답안을 바
꾼 것이었다.

기말고사는 내신에 반영되는 것이어서 박 군은 한 문제라도 더 맞히고 싶었다. 그런데 뒷자리의 그 친구가 박 군이 답을 베껴 쓰는 것을 본 모양이었다. 친구는 답안지를 제출한 뒤 선생님을 따라나가 박 군의 부정 사실을 알렸다.

그날 시험이 끝나고 박 군은 학생 지도실로 오라는 통보를 받았다. 그는 지도실 선생님들에게 따귀를 맞으며, '몇 문제나 커닝을 했는지 이실직고하라'는 추궁을 당했다. 박 군은 '마지막 답만 고쳤다'고 해명했으나 소용이 없었다.

그 친구가 담임선생님과 함께 지도실로 들어왔다. 담임선생님이 '솔직히 말하면 해당 문제만 틀린 것으로 처리해 줄 테니 털어놓으라'고 했다. 박용현 군은 '고친 것은 마지막 한 문제인데, 정말 억울하다'면서 하소연을 했다.

담임선생님이 친구에게 물었다.

"쟤 말이 맞니? 네가 봤다면서."

친구의 한마디가 박용현 군의 가슴에 못을 박았다.

"그걸 어떻게 믿어요. 답안지 걷다 말고 한참 베꼈는데요."

박 군은 선생님들에게 무릎을 꿇고 매달렸다. 답안지를 다시 한 번 봐달라며 애원도 해보았다. 지금까지 살면서 그토록 모욕감을 느낀 적은 처음이었다. 담임선생님이 답안지를 살펴본 후에 '한 번만 봐주자'고 제안했다.

담임선생님의 제안이 먹혀들었는지, 수학 성적이 깎이는 것으로 사건은 일단락되었다. 마지막 답안을 제외하더라도 80점대 후반이어야 할 점수가 60점대로 내려갔다. 하지만 그 정도로 일이 마무리

된 것만 해도 다행이었다.

친구는 교실로 돌아온 후 박 군과 눈을 마주치려 하지 않았다. 다른 친구들이 '저 밥맛없는 녀석하고는 아는 척도 하지 말자'며 박 군을 위로했다. 그 사건 이후 박 군은 난생 처음으로 모진 결심을 했다.

'내가 저 놈 위로 올라서지 못하면 혀 깨물고 죽겠다.'

우등생이 되는 데는 대단한 비결이 필요 없었다. 유혹을 이겨내는 1시간에서부터 출발한다. 1시간 동안 자신을 제어해 공부에 집중한다면, 그것이 2시간으로 늘어나는 데 그리 오랜 세월이 걸리지 않는다.

국어, 영어, 수학 같은 과목은 며칠 공부한다고 해서 금방 좋은 점수가 나오지 않는다. 고학년으로 올라갈수록 그런 경향은 더욱 뚜렷해진다. 과목의 특성상 기초가 없으면 좋은 점수가 나오기 힘들기 때문이다. 공부를 잘하는 학생은 오랜 기간에 걸쳐 이력을 쌓았기 때문에 주요 과목에 강한 것이다. 그 기초 역시, 원래는 1시간의 자기 제어에서 비롯되었다. 그리고 자기 제어는 '목표 관리'를 통해 구체화된다.

박용현 군은 '목표'에 대한 질문을 받자마자 기다렸다는 듯 '내가 이 대학에 올 수 있었던 요인'이라고 단정했다. 그는 모욕을 준 친구를 이기기 위해 '이루기 어려운 목표'를 하루 일과로 잡아 자습을 했다.

"그렇게 해야 한시라도 장난을 치거나 다른 생각을 할 수 없죠. 잠시 한눈팔았다가는 목표를 놓치기 십상이거든요. 저녁 7시부터

12시까지 5시간 동안 빡빡하게 시간표를 짜놨어요. 저 스스로한테 틈을 주면 자꾸 해이해지고 딴생각을 하게 돼요."

중하위권 학생들은 학습 목표를 설정할 때 시간만을 기준으로 삼는다. 그래서 '독서실 밤샘 공부'의 내실이 빈약한 것이다. 그보다 조금 나은 학생들은 학습량(진도)을 잣대로 삼는다. 그나마 목표 관리가 되는 셈이다. 하지만 시간에 쫓겨 몇몇 과목은 공부하지 못하는 일이 자주 발생한다.

반면 우등생들은 목표를 설정할 때 시간과 분량을 복합적으로 감안한다. 공부 목표량은 누구나 정할 수 있다. 그러나 가능한 목표량을 정하고, 시간 내에 그것을 달성하는 학생은 많지 않다. 대개의 경우 욕심을 부려 목표량을 정하지만 끝을 보지 못하기 일쑤이다.

평소에 공부를 게을리 하지 않는 학생만이 효율적인 목표 관리를 할 수 있다. 꾸준하게 공부를 해야 자신이 몇 시간 만에 얼마만큼을 할 수 있는지 가늠할 수 있게 된다.

자신에게 맞는 목표를 세우기 위해서는 일단 공부부터 해보아야 한다. 많은 학생들이 계획만 거창하게 세웠다가 며칠 만에 포기하는 이유도 자신의 능력을 파악하지 못한 데 따른 것이다. 자신의 능력을 아는 것이 성적을 올리는 출발점이다.

얼핏 생각할 때 하루짜리 목표 관리는 별것 아닐 수도 있다. 하루 목표를 달성했다고 해서 대단한 변화가 일어나는 것은 아니다. 변화를 실감하는 데는 상당한 시일이 소요된다. 다른 일과 마찬가지로 성적 역시 며칠 만의 공부로 쉽게 오르지 않는다. 그러나 하루가 모여 이틀이 되고, 그것이 일주일이 된다. 일주일이 모이면 한 달이 되고 두 달이 된다.

베리 짐머만(Barry Zimmerman) 교수는 자신을 제어할 줄 아는 학생(Self-regulated Learner)의 특징으로 '효과적인 학습목표 설정'을 꼽는다. 효과적인 목표란 실현 가능성이 있되 어느 정도는 달성이 어려운 것이어야 한다. 중장기 목표를 구체적으로 설정해 보자. 자습 목표에 앞서 가고 싶은 대학과 전공을 '무리하게' 잡아 놓고, 그곳에 가기 위해서는 어느 정도의 점수가 필요한지를 생각해 보자.

장래 희망을 아직 생각해 본 적이 없다면, '반에서 몇 등 안에 들겠다' 정도라도 괜찮다. 박용현 군처럼 '미운 친구를 반드시 이기

>> 공부를 할 때 어떻게 목표를 정했습니까?

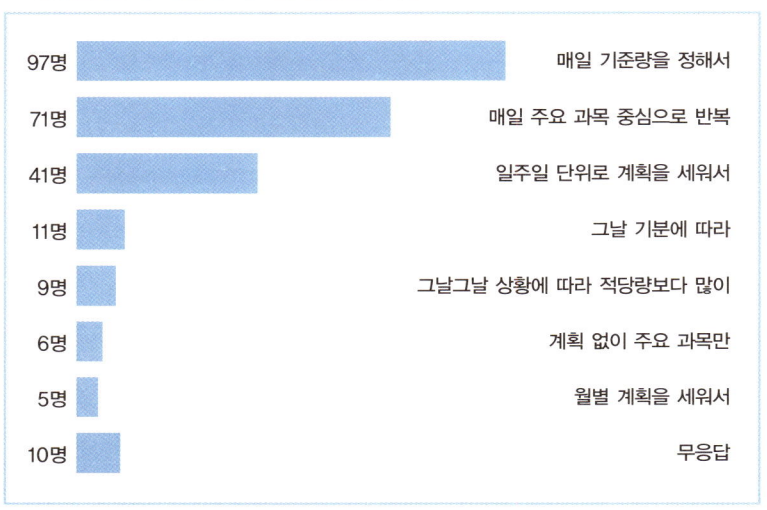

97명	매일 기준량을 정해서
71명	매일 주요 과목 중심으로 반복
41명	일주일 단위로 계획을 세워서
11명	그날 기분에 따라
9명	그날그날 상황에 따라 적당량보다 많이
6명	계획 없이 주요 과목만
5명	월별 계획을 세워서
10명	무응답

고 말겠다' 며 결심하는 것도 하나의 방법이 될 수 있다. 그것을 달성하기 위해 어느 정도 공부를 해야 할지 스스로 생각해 보자.

박용현 군은 고2 두 번째 모의고사에서 '불구대천의 친구' 보다 높은 성적을 받았다. 전교 6등을 기록한 것이다. 그후로는 1학년 때 뺨을 맞았던 지도실 선생님들과도 친해졌다. 결국 그 친구는 재수 끝에 서울대 후배로 입학했지만, 지금은 동문회에서 자주 만나 스스럼없이 지내고 있다고 박 군은 말한다.

처음은 누구에게나 어렵다

800미터 달리기를 남들 보다 1분 늦게 출발했다면, 남들과 같은 노력으로는
그 경기를 이길 수 없다. 무리를 해야 하므로 초기의 고통은 필연이다.
하지만 그런 고통 속에서 공부에 눈을 뜨게 된다.

미국의 교육학자 벤저민 블룸(Benjamin Bloom)은 학습목표를 6단계로 분류한다. 첫번째는 지식(Knowledge)이다. 다음은 그것을 이해(Comprehension)하고, 적용(Application)하며 분석 (Analysis)해 종합(Synthesis)하는 것으로 이어진다. 마지막은 평가 (Evaluation)이다. 각각의 단계는 다음 단계로 나가기 위한 발판 역할을 한다. 일단은 머릿속에 집어넣어야 분석하고 종합적으로 평가할 수 있는 역량이 생긴다는 이론이다.

첫 단계인 지식은 머릿속에 입력하는 것으로 시작된다. 입력은 곧 암기이다. 공부가 암기만으로 완성되는 것은 아니지만, 외우는 것이 공부의 밑바탕이 된다는 점은 부인할 수 없다.

박정욱 군(연세대)은 "중학교 2학년까지는 공부를 잘하는 편이

아니었다"고 말했다. 반에서 10~15등 하는 정도였고, 판타지 소설에 한참 빠져 있을 때에는 20등 밖으로 밀려나기도 했다.

"공부는 시험이 임박했을 때만 했어요. 시험 범위에 맞춰서 그 전날, 밤새워 공부하는 식이었죠."

박 군과 독서실에서 함께 공부하는 친구 중에 성적이 좋은 학생이 있었다. 박정욱 군은 그 친구가 공부하는 것을 보고 심한 자괴감에 빠진 적이 있다고 말했다.

박 군은 그 친구가 밤늦게까지 공부하는 것을 본 적이 없었다. 시험 범위를 죽 한번 훑어본 다음, 자러 가는 것이었다. 그런데도 그 친구는 줄곧 전교 5등 이내의 성적을 유지했다.

반면 박 군과 다른 친구들은 삼각김밥을 먹어가며 새벽까지 책상 앞에 붙어 있었다. 그러면서도 시험 범위 끝까지 페이지를 넘긴 경우가 드물었다.

"시험을 볼 때마다 제 자신이 한심했어요. 그 친구처럼 머리가 좋지 못하니 어쩔 수 없다는 생각도 들었고요."

박 군은 우등생 친구의 비결이 궁금했다. 그래서 어느 날, 컵라면을 사주면서 "어떻게 하면 그렇게 놀면서 공부를 잘할 수 있느냐"고 물어보았다.

"그 녀석, 재수 없는 소리를 하더군요. 평소 실력이 중요하다는 거예요. 시험은 평소 실력으로 보는 거지, 벼락치기 공부로 되는 게 아니라는 겁니다. 한마디로 자기 잘났다는 얘기죠."

박정욱 군은 그 친구의 대답이 마음에 들지 않았지만, 어떻게 공부하는지 눈여겨보기로 했다. 그래서 그 친구 옆자리로 옮겨달라고 독서실 총무 형에게 부탁했다.

처음에는 자신과 다른 점을 발견할 수 없었다. 학원에서 돌아와 잠시 공부하고는 짐을 꾸려 집에 가는 것이, 다른 아이들과 다를 바 없었다. 공부하는 시간도 기껏해야 두어 시간 정도였다. 박 군은 '저렇게 할 바에야 시험 때 몰아치기 하는 것이 낫겠다'고 생각했다.

그러나 일단 흉내를 내보기로 했다. 친구가 공부하는 과목을 그대로 따라했다. 특별한 것이 없었다. 그날 배운 과목의 숙제와 복습 정도였다. 독서실의 다른 친구들이 '휴게실로 나오라'고 문자 메시지를 보내왔다. 그렇지만 박 군은 휴대폰을 끄고 옆자리 친구를 따라하기에 열중했다.

그런데 그 흉내라는 것을 실제로 해보니까 쉽지 않았다. 친구의 공부 속도를 따라갈 수 없었던 것이다. 우등생 친구가 한 과목을 마쳤을 때, 박 군은 목표량의 3분의 1도 채 보지 못했다. 친구가 공부를 마치고 가방을 쌀 때면 '포기하고 싶다'는 생각이 들기도 했다.

친구가 집에 간 이후에도 책상에 앉아 공부를 계속했다. 박 군은 자신의 머리가 나빠서 그 친구에 비해 공부 속도가 더딘 것이라고 생각했다. 실제로 그런 생각에서 벗어나는 데 두 달가량이 걸렸다.

"처음이 어려웠어요. 뭐가 중요한지 모르니까, 다 외울 수밖에 없죠. 나중에 깨달은 건데요. 처음 공부 방법은 누구나 다 똑같아요. 시간을 들여서 일단 외우는 거죠. 그렇게 힘들게 시작했더니 뭐가 뭔지 조금씩 알겠더라고요."

>> 초등학교 시절부터 줄곧 우수한 성적을 보였습니까?

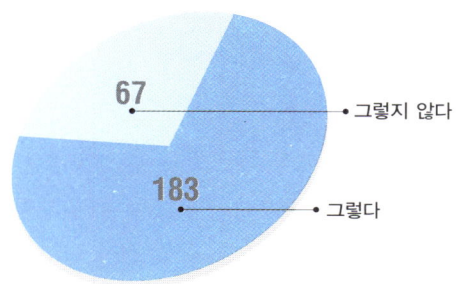

67 • 그렇지 않다

183 • 그렇다

>> ('그렇지 않다' 응답자의 경우) 언제부터 학업에서 두각을 나타냈습니까?

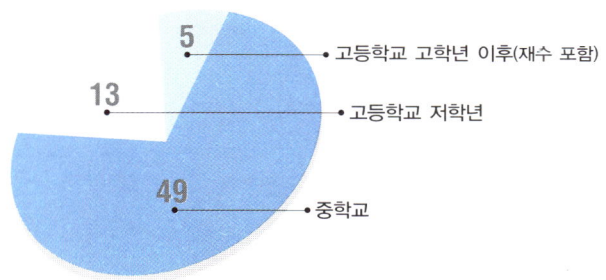

5 • 고등학교 고학년 이후(재수 포함)

13 • 고등학교 저학년

49 • 중학교

　　상당수의 우등생은 초등학교 때부터 줄곧 우수한 성적을 유지해 온 학생들이다. 초등학교 저학년 때에는 우등생과 중하위권 학생 간에 차이가 드러나지 않는다. 특히 요즘의 초등학교 저학년은 시험이 없는 경우가 많아서 누가 우등생인지 아닌지 분간하기 힘들다. 그러나 초등학교 고학년(4학년) 이후부터는 우등생들이 두각을 나타낸다. 수업시간 혹은 과목별 경시대회 등을 통해 앞서가는 모습을 보이는 것이다.

우수한 성적은 학습 및 사고 능력의 오랜 축적물이기도 하다. 뒤늦게 공부를 시작한 학생의 경우에는 그런 세월을 압축해서 따라잡아야 한다.

800미터 달리기를 남들보다 1분 늦게 출발했다면, 남들과 같은 노력으로는 그 경기를 이기기란 불가능하다. 무리를 해야 하므로 초기의 고통은 필연이다. 하지만 그런 고통 속을 헤매다 보면 저절로 공부에 눈을 뜨게 된다. 성적을 올리고 싶다면 암기하는 고통을 두려워해서는 안 된다.

설문조사 결과 '중학교 때부터 우등생 반열에 들었다' 는 학생이 49명이었고, '고등학교 이후에야 성적이 올랐다' 는 응답이 18명이었다. 이러한 통계 자료에서도 알 수 있듯 '공부 역전' 이 아주 불가능한 것은 아니다.

많은 학생들이 단기간 내에 성적을 급속히 올릴 수 있는 수단을 찾기 위해 애를 쓴다. 이런 학생들의 관점에서 보면 오랜 시간 동안 공부에 매달리는 것은 비효율적이다. 하지만 공부에서는 시간이 걸리는 것, 그 자체가 효과적인 수단이다. 결코 시간을 낭비하는 것이 아니다.

힘이 들 때마다 이렇게 되뇌어보라.

'No pain, no gain(고통이 없으면 얻는 것도 없다).'

기초가 부족해도
수업에 충실하는 게 지름길

공부라는 과정은 집을 짓는 것과 다르다. 반드시 기초를 먼저, 충분히 쌓은 이후에야 벽과 지붕을 올리는 방식은 아니라는 점이다.

어떤 과목이 어렵게 느껴진다면, 우선 수업 태도를 바꿔보라고 권하고 싶다. 자신 없는 과목을 잡아보겠다는 생각에 '처음부터 다시 시작하자'는 결심을 하는 경우가 종종 있다.

다시 시작하겠다는 마음 때문에 교과서의 맨 처음 부분으로 돌아가게 되는데, 그렇게 되면 선생님의 수업은 귀에서 멀어지고 만다. '지금 배우는 것은 나중에 혼자 공부하면 된다'고 생각하기 때문이다.

결론부터 말하자면, 지나간 일은 접어두는 것이 낫다. 현재에 충실해지면 과거에 부족했던 부분까지 메울 수 있는 기회가 생긴다. 과거에 대한 지나친 집착은 과거가 현재를 지배하는 형국을 초래한다. 지나간 진도에 사로잡혀 허우적대다가는 결국 목표에서 멀어지고 마는 것이다.

박주현 군(서울대)은 중학교 때까지 수학 공부를 거의 하지 않았다. 중학교 시절, 수학 점수는 60~70점 사이를 오갔다. 고등학교에 진학해 첫 모의고사를 본 뒤 담임선생님이 박 군을 교무실로 불렀다.

"너는 왜 수학만 이러냐? 다른 과목은 상위권인데. 영어도 한 개밖에 안 틀렸고. 너 같은 녀석은 처음이다. 26점이 뭐냐, 26점이? 수학 점수가 이렇게 나와서는 대학 가기 어려울지도 몰라. 무슨 말인지 알아?"

박 군은 눈앞이 캄캄해졌다. 고민 끝에 중3 수학 참고서를 다시 꺼내 공부하기로 했다. 친구들이 볼까봐 단원별로 찢어서 가지고 다니며 공부했다. 수업시간에도 선생님의 강의를 듣지 않고 중학교 문제를 풀었다. 박 군은 중학교 과정을 빨리 마치고 나면 학교 진도를 따라잡을 수 있다고 생각했다.

그러나 중3 수학 참고서를 본 뒤에도 수학 공부의 가닥은 여전히 잡히지 않았다. 박 군은 다시 고1 수학 참고서를 처음부터 보기 시작했지만, 이때는 이미 '수학 공부를 제대로 해보자'는 의욕이 사라진 뒤였다. 박 군은 결국 수학 선생님을 찾아가 그간의 사정을 말씀드리고 도움을 청했다.

"그동안 수학을 못 한 건 어쩔 수 없고, 수업이나 잘 들어라. 지금 배우는 걸 잘 따라가다보면 그전에 못했던 것들을 잡을 수 있을 거야. 수업시간에 딴 짓 하지 말고, 모르는 게 있으면 나한테 갖고 와."

흔히 수학은 기초가 중요한 과목이라고들 말한다. 기초가 튼튼해야 한 발짝씩 앞으로 나아갈 수 있다는 의미이다. 대다수의 학생들은 수학 공부에 재도전하다가 포기하게 되는 이유로 '기초 부족'을 꼽는다.

그러나 공부라는 과정은 집을 짓는 것과 다르다. 반드시 기초를

>> 장래 희망이 무엇입니까?

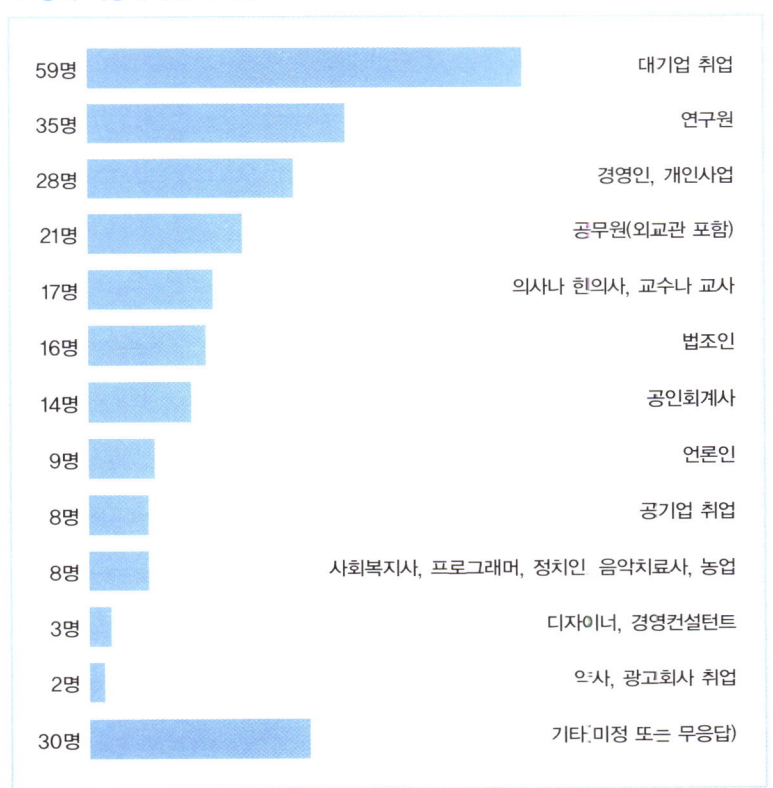

59명	대기업 취업
35명	연구원
28명	경영인, 개인사업
21명	공무원(외교관 포함)
17명	의사나 한의사, 교수나 교사
16명	법조인
14명	공인회계사
9명	언론인
8명	공기업 취업
8명	사회복지사, 프로그래머, 정치인 음악치료사, 농업
3명	디자이너, 경영컨설턴트
2명	으사, 광고회사 취업
30명	기타(미정 또는 무응답)

먼저, 충분히 쌓은 이후에야 벽과 지붕을 올리는 방식은 아니라는 점이다.

박주현 군은 수업을 충실히 따라가는 것으로 방향을 바꿨다. 처음에는 수업을 들어도 이해할 수 없는 대목이 많았다. 그런 부분은 체크를 해두었다가 선생님을 찾아가 설명을 들었다. 이전에 배웠지만 박 군이 놓친 부분이 많았다. 선생님은 교과서나 참고서의 앞부분을 다시 들춰내가며 원리를 설명해 주었다.

박 군은 집에 돌아온 뒤 두 가지를 복습했다. 하나는 학교 수업시간에 배운 내용이었고, 다른 하나는 선생님이 일깨워준 교과서 앞부분이었다. 그런 방식으로 몇 달 동안 공부를 했더니 수업시간의 선생님 강의가 귀에 들어오기 시작했다.

》》그 직업을 원하는 가장 큰 이유는 무엇입니까?

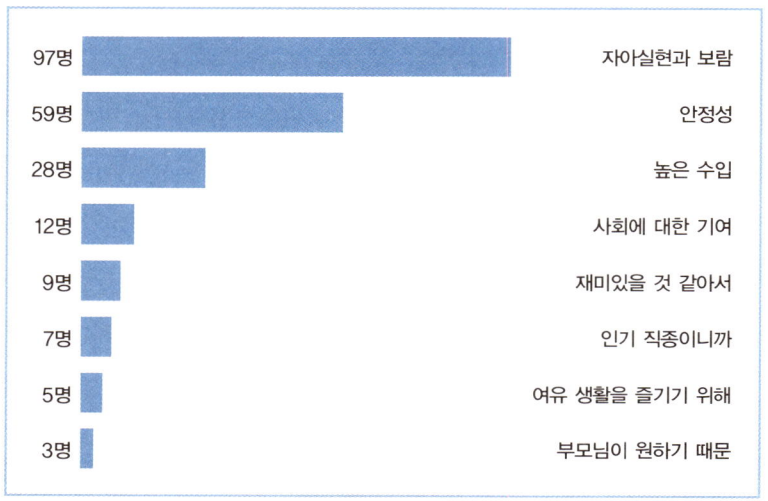

97명	자아실현과 보람
59명	안정성
28명	높은 수입
12명	사회에 대한 기여
9명	재미있을 것 같아서
7명	인기 직종이니까
5명	여유 생활을 즐기기 위해
3명	부모님이 원하기 때문

기초 부족이 포기의 합당한 사유는 되지 않는다. 수학이든 영어든 마찬가지이다. 이미 지나가버린 과거는 어쩔 수 없다.

과거와 결별하고 '현재의 부름'에 충실하게 응하는 것이 난관을 극복하는 첫걸음이다. 그러면 과거에 익히지 못했던 지식이 현재의 새로운 포장으로 다시 다가온다. 모든 지식은 서로 연결되어 있기 때문이다.

물론, 과거의 불찰로 인해 힘이 들 수밖에 없다. 지금 눈앞에 닥친 문제들을 해결해 나가면서 예전에 알지 못했던 부분까지 함께 소화해야 하므로 남들보다 많은 시간을 투자해야 한다.

그렇지만 과거의 내가 지금의 나에게 내린 벌이라고 여기며 기꺼이 대가를 치러야 한다. 그리고 힘겨울 때마다 미래를 생각해 보자. 나의 희망은 무엇이며, 그것을 이루기 위해서는 무엇을 어떻게 해야 하는지를 항상 잊지 말아야 한다.

선생님을 사랑하라

선생님을 찾아가는 것은, 싫은 과목에 대한 애정에 불을 지피는 가장 좋은 방법이다. 담당 과목 선생님을 붙잡고 질문을 해보자. 공부에 눈을 뜬다는 것은 스승의 열정에 전염되는 과정이다. 그런 열정을 끌어내는 것은 학생의 몫이다.

사람에게는 누구나 약점이 있다. 완벽한 사람이란 없는 법이다. 학생들에게도 취약 과목이 있기 마련이다. 취약의 정도가 심해지면 '기피 과목'이 되고, 마침내는 '혐오 과목'으로 변한다. 이 단계까지 치닫게 되면 헤어나기가 쉽지 않다.

우등생들에게도 저마다의 취약 과목이 있었다. 국어와 영어를 잘하면서도 수학에는 자신이 없는 경우가 있는가 하면, 수학과 영어에는 걱정이 없었지만 국어 때문에 골머리를 앓은 학생도 있었다. 우등생이라고 모든 과목에서 완벽한 실력을 갖춘 것은 아니었던 셈이다. 그 편차를 조절해 고르게 성적을 올리는 것이 우등생들이 걸어온 길이었다.

수능시험이나 대입전형에서 피해갈 수 있는 과목에 취약하다면 그나마 다행이다. 그 과목의 내신 성적을 관리하면서 좋은 여건을 만들어 나갈 수 있다. 그렇지만 주요 과목 중에 그런 것이 있다면 막막한 일이다. 속칭 국영수를 포기하고 명문대에 입학할 수 있는 방법이란 거의 없다.

이재연 양(연세대)은 "수학 공부를 왜 해야 하는지 알 수 없었다"고 말한다.

"사실 미적분 같은 건 사회생활하는 데 아무 쓸므가 없는데도 골치 아프게 배워야 하는 이유를 몰랐어요. 인문계 학생들이 엔지니어가 될 것도 아닌데 말이죠. 그렇지만 대학에 가려면 수학 공부를 해야 하니까 답답했어요."

취약 과목이나 기피 과목이 있다면, 그 과목이 왜 싫은지 원인을 먼저 파악해야 한다. 대다수의 학생들은 그 원인이 '선천적'인 것에 있다고 믿는다. 자신에게 애초부터 그런 재능이 없다고 치부해 버리는 것이다. 그들은 마치 부모님이 물려준 유전자 코드에 결함이라도 있는 것처럼 생각한다.

하지만 자신과 어려운 과목의 이력을 떠올려보면 그 원인을 찾을 수 있다. 바로 성취감을 느끼지 못했기 때문이다. 한 번 더 생각해 보기 바란다. 자신 있는 과목은 여러 번의 성취를 통해 일취월장의 실력 향상을 경험한 것들이다. 반면 취약 과목은 몇 번의 시도가 물거품으로 돌아간 경우이다. 그래서 더욱 어렵고 멀게만 느껴지는 것은 매우 당연한 일이다.

이별에는 핑계가 있다. '쓸데없는 것을 억지로 해야 할 이유가 없다'는 핑계이다. 하지만 이런 핑계가 굳어지면 증증이 된다.

이재연 양이 수학 과목과 화해한 것은 학원에 다니면서부터였다. 고1 겨울방학 때 친구들이 다니는 학원을 수소문해 인기 강사의 특강을 골라서 수강했다. 예상대로 강의는 인기 폭발이었다. 새벽부터 줄을 서야 등록을 할 수 있었고, 대형 강의실은 400명이 넘는 학생들로 넘쳐났다.

이 양은 강의 첫날 심한 충격을 받았다. '수학을 이렇게도 할 수 있구나' 하는 생각이 들 정도였다. 강사가 넥타이에 핀 마이크를 꽂은 채 강의실을 헤집고 다니면서 쇼를 하는 것이었다. 강의실 곳곳에서는 학생들의 폭소가 끊이지 않았다.

>> **입시 학원에 다닌 적이 있습니까?**

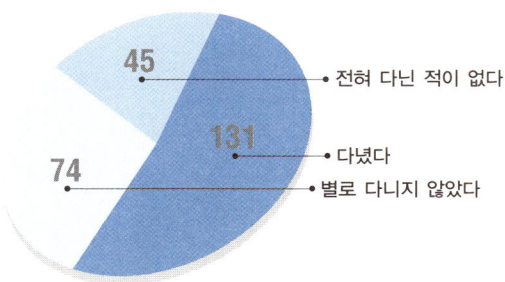

강사는 학생들에게 질문을 하더니 대답을 기다리지 않고 기관총처럼 쏘아댔다. "이기 머꼬? 우야꼬? 짱돌들 안 굴리고 머하노? 어떠끔 풀어야 정답이 나오재? 요 앞에서 네 번째, 밥 뭇나? 와 그리 힘이 없노? 밥 뭇스면 이거 퍼뜩 풀어야재. 몬 풀기만 해바라. 쌔리

삔다."

　처음에는 거부감이 들기도 했다. 공부를 그런 식으로 희화화해 학생들에게 주입한다는 게 마음에 들지 않았다. 그러나 강의 시간 내내 그 강사에게서 시선을 뗄 수가 없었다. 강사는 학생들에게 한 시라도 다른 생각을 할 틈을 주지 않고 몰아붙였다. 그래서인지 수학 문제풀이라는 것이 그다지 어렵게 느껴지지는 않았다.

　방학 특강이 끝날 때쯤 이 양에게는 새로운 버릇이 하나 생겼다. 수학 문제를 풀 때 그 강사의 말투를 흉내내는 것이었다. 성대모사를 하면서 문제를 풀다보면 묘하게도 술술 풀리는 일이 많았다. 수학이 그다지 어렵게 느껴지지 않았다.

　"바라 바라. 그래서 우짜라꼬? 어려버도 내가 이길끄다. 참말로 삐리한 문제구마. 요렇게 해서 요렇게 하모 다 풀린 거 아이가. 내가 풀었다 아이가. 다 끝났다."

　이재연 양은 학원 강사의 성대모사라는 재미 요소로 수학의 공포에서 벗어날 수 있었다. 물론 수학 성적은 곧바로 올라가지 않았다. 2학년 말에야 안정적인 점수가 나왔고, 모의고사 성적도 오르기 시작했다.

　최학주 군(서울대)은 영어에 자신이 없었다. 학원에 다녔지만 별다른 성과가 나타나지 않았다. 영어 수업시간에 졸다가 혼이 나기도 했다. 그래서 영어 선생님이 더욱 어렵게 느껴졌다.

　"단어를 외운다는 것이 별로였어요. 말은 생활 속에서 자연스럽게 나와야지, 그렇게 달달 외워서 되는 게 아니죠. 저는 사고하는 것을 좋아하는 편이에요. 무조건 외우는 영어 공부는 제 스타일에 맞지 않아요. 그러다 보니 동기 부여가 되지 않았던 것 같아요."

어느 날 수업이 끝난 후에 교무실에 갔더니 몇몇 아이들이 영어 선생님을 에워싸고 있었다. 친구들은 선생님과 함께 독해를 하고 있었다. 최 군은 옆에 서서 구경을 했다. 한 문장이 여덟 줄을 넘는 데다가 마구 꼬여 있어 해석하기가 어려웠다. 그 순간 내심 느껴지는 게 있었다.

집에 가서 독해 공부를 하다 이해하기 어려운 지문을 체크해 보았다. 그리고 다음날 영어 시간이 끝난 뒤 수업을 마치고 나가는 선생님을 붙잡고 질문을 했다. 선생님은 '급하다'면서 가까운 학생 화장실로 달려갔다가 돌아와 설명을 해주셨다. 전에 최 군을 혼냈던 것은 까맣게 잊은 모양이었다. 막히는 문장을 이해하자 나머지도 흐름을 잡을 수 있었다.

'사회에 나갔을 때 도움이 되지 않는 과목들을 왜 배워야 하는지 모르겠다'고 말하는 것은 위험천만이다. 이런 생각을 맹신한다면

>> 유명강사를 좇아 학원을 옮긴 적이 있습니까?

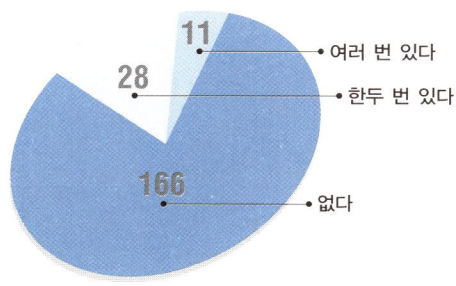

사회에 나와서도 적응하기 힘들다. '외국인 한 번 만날 일이 없는데, 토익 공부는 왜 해야 하나'라고 생각하기 때문이다.

일부 회사는 뚜렷한 실적 판단 기준이 없을 경우, 토익 시험 점수를 인사고과에 반영하기도 한다. 입사한 후에는 사원들에게 수시로 토익 시험을 보게 하고 승진 심사에 그 점수를 포함시킨다. 그렇기 때문에 토익 점수 때문에 더러 승진을 못 하는 불이익을 당하는 경우도 발생한다.

스스로 해결하지 못하는 문제는 선생님께 반드시 질문해 보아야 한다. 그때그때 질문을 하지 않으면 모르는 것은 계속 쌓여가기 마련이다. 결국 모르는 부분이 많아지면 그 과목에 대한 관심이 점점 줄어들어 흥미를 잃게 된다.

이민영 양(서울대)은 "담당 과목 선생님과 사랑에 빠지는 것이 싫은 과목 점수를 만회하는 가장 좋은 방법"이라고 응답했다. 선생님을 사랑하려고 노력할수록 그 과목에 대한 관심이 높아지고, 성적이 오르게 되어 있다는 주장이다.

"고1 때 수학 선생님을 짝사랑했어요. 처음 부임한 오빠 같은 선생님이었죠. 전 여고를 나왔는데요, 아이들이 그 선생님한테 잘 보이려고 기를 쓰고 경쟁을 벌였어요. 저 역시 선생님이 수업하는 모습을 뚫어져라 쳐다봤고요. 선생님하고 눈 한 번 가주치려고 수업을 열심히 들었어요. 괜히 교무실에 가서 모르는 문제를 여쭤보기도 했죠. 그랬더니 차츰 수학이 재미있어지더라고요."

선생님을 찾아가는 것은, 싫은 과목에 대한 애정에 불을 지피는 가장 좋은 방법이다. 담당 과목 선생님을 붙잡고 모르는 것을 질문해 보자. 공부에 눈을 뜬다는 것은 스승의 열정에 전염되는 과정이다. 많은 선생님들이 이와 같은 열정을 지니고 있다. 그런 열정을 끌어내는 것은 결국 학생의 몫이다.

싫은 과목과 친해지기 2
피할 수 없다면 즐겨라

싫은 과목을 요리조리 피해가면서 목표를 이루는 방법이란 없다.
피할 수 없다면, 차라리 즐겨보는 것은 어떨까.
즐기는 자세로 접근한다고 해서 손해보는 일은 없을 것이다.

김 정선 양(서울대)은 중학교 때부터 수학이 부담스러웠다. 포기할 정도는 아니었지만 점수가 들쭉날쭉했다. 수학 때문에 시험을 망친 날은 밥도 먹기 싫었다. 그래서 나름의 결심을 했다. 모든 수단을 동원해서라도 수학을 정복해 보기로 했다.

"정말이지, 6년 동안 수학을 공부한 시간이 제 평생 잠을 잔 것보다 많았던 것 같아요. 수업을 듣고 학원에 다니고 그것도 모자라 집에 와서도 엄청나게 많은 종류의 참고서를 보고 문제집을 풀었어요."

김 양은 그런 노력으로 수학 성적을 올려 상위권에 진입했다. 그러나 성적을 유지하는 것도 고통이었다. 아무리 공부를 해도 시간이 지나면 공부한 내용들이 기억에서 사라진다는 것이었다. 너무 많은 정보들이 매일 들어오기 때문에, 그 많은 내용을 머리에 담고 있는 것이 벅찼다는 사연이다. 게다가 머릿속에 수학 지식들을 아무리 채워도, 풀기 어려운 응용문제들이 속출하는 바람에 너무도 괴로웠다고 한다.

차명진 양(성균관대 의대)은 '미운 영어에 떡 하나 더 주는 심정으로 공부를 했다' 고 말한다.

"싫어도 어쩔 수 없잖아요. 저는 영어 때문에 고생했는데요, 어렵고 싫을수록 더 파고드는 수밖에요. 자신 있는 과목부터 얼른 해치우고 영어에 매달렸어요. 미운 녀석 떡 하나 더 준다고, 그렇게 했더니 어느 정도 자신감이 붙더라고요. 성적이 올라가니까 영어가 그렇게 밉지는 않았어요."

어렵던 과목과 친해지는 데는 상당한 시간이 걸린다. 아무리 공부를 잘하는 학생이라도 상대적으로 호감이 덜 가는 과목은 반드시 있기 마련이다. 우등생들 역시 싫은 과목과 친해지기 위해 상당한 시간을 쏟아 부은 결과, 성적이 좋아진 것임을 잊어서는 안 된다. 노력을 들여 성과를 얻기 위해서는 그 어떤 어려움도 감수해야 한다.

하지만 그런 고통을 겪은 후에는 이루 말할 수 없는 전리품이 생긴다. 그것은 자신감이다. 자신감은 자동차에 항공기 엔진을 얹은 것처럼 공부에 강력한 힘을 실어준다. 또 어렵게만 생각했던 과목에서 얻은 자신감은 다른 과목에도 영향을 미친다.

싫은 과목을 요리조리 피해가면서 목표를 이루는 방법이란 없다. 피할 수 없다면, 차라리 즐겨보는 것은 어떨까. 즐기는 자세로 접근한다고 해서 손해 보는 일은 없을 것이다.

싫은 과목과 친해지기 3
수학도 암기과목이다

"처음에는 예제풀이를 마구잡이로 외우는 경우가 많았어요. 왜 그런지도 모르고
외우는 거였으니까요. 그런데 참 희한하게도 나중에는 이해가 가더라고요.
외우고 외우다가 나중에는 우리 반에서 '수학귀신'이란 소리를 들었어요."

옛어른들이 공부하는 모습을 TV 사극을 통해 본 적이 있을 것
이다. '하늘 천 따 지'하는 천자문에서부터 '공자 맹자 가
라사대'식의 수업 풍경이 종종 고전 드라마에 등장하곤 한다.

훈장이 학생들에게 배운 부분을 암송하도록 시키고, 그 뜻을 풀
이하게 하는데 제대로 외우지 못하면 회초리를 맞기도 한다. 어떤
사람들은 이런 학습법을 보고 '무식하다'고 생각할 수도 있을 것
이다.

그러나 암기를 기초로 하지 않는 공부는 있을 수 없다. 우리 선
조들의 학습법은 지금도 유효하며 앞으로도 그럴 것이다. '이해만
하면 되지, 무엇 하러 외우나'하는 생각은 잘못이다. 이해와 암기
는 동전의 앞뒷면과도 같다. 결코 떨어질 수 없는 불가분의 관계인

셈이다.

이해를 통해 암기하고, 암기하는 과정에서 이해하기도 한다. 이해한 뒤 반복 학습을 통해 암기하는 것이 바람직하다. 하지만 이해가 가지 않더라도 외워야 할 때가 있다.

기피 과목에 정을 붙이는 손쉬운 방법은 외우는 것이다. 말 그대로 '무식한 암기'를 통해 돌파구를 찾은 학생들도 있었다.

유지훈 군(서울대)은 유난히 수학 과목에 취약했다. 유명 학원을 여러 곳 다녀봤지만 점수가 70점 언저리에서 벗어나지 못했다.

그러던 중 방학 때, 집 근처 학원에서 새로운 경험을 하게 되었다. 괴짜 강사를 만난 것이다. 쉴 새 없이 진도를 나가면서 '백업(back up) 시간'으로 학생들을 괴롭히는 것이었다. 수업이 끝난 뒤 강사는 '기다리고 기다리던 백업 시간이 왔다'면서 프린트물을 돌렸다. 거기에는 수학 공식 5개와 예제 10개가 정리되어 있었는데,

>> 입시 학원에 다녔다면, 학원 선정은 누가 했습니까?

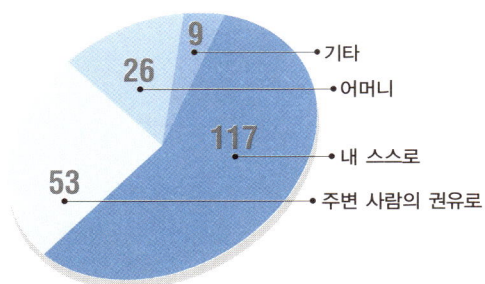

9 • 기타
26 • 어머니
117 • 내 스스로
53 • 주변 사람의 권유로

하나같이 진도와는 관계없는 처음 보는 것들이었다.

그 공식과 예제풀이 과정을 전부 암기하는 것이 시험이었다. 15분 후에 암기한 내용을 백지에 쓰는 시험이 치러졌다. 그것도 순서대로 써야 했다. 시험에 통과하지 못하면 집에 보내주지 않았다(나중에 알고 보니 그 내용들은 3주 후에 배울 내용들이었다).

유 군은 기가 질렸다. 어머니에게 '안 다니겠다'며 떼를 썼다. 하지만 어머니는 요지부동이었다. 어머니가 유지훈 군 몰래 학원에서 상담을 받았는데, 모종의 언질이 있었던 모양이었다.

수학 공식과 풀이 과정을 '생짜로 외우는 것'은 고역이었다. 유지훈 군은 '쓸데없는 짓'이라고 생각했다. 하지만 집에 가기 위해서는 달리 방법이 없었다. 한 달이 지나자 백업 시간이 더욱 견디기 힘들어졌다. 외워야 할 예제가 20개로 늘어났기 때문이다.

유재훈 군은 그 뒤로 1년 동안이나 그 학원에 다녔다.

"그런데 그렇게 무식하게 달달 외운 것이 효과가 있을 줄은 몰랐어요. 나중에는 제가 왜 수학 공부를 못했었는지 기억이 안 날 정도였으니까요."

수학 공식을 모르면서 수학 성적을 올릴 수 있는 방법은 없다. 많은 학자들은 "수학 실력을 높이는 가장 좋은 방법은 문제를 많이 접하고 문제풀이를 통해 공식을 익혀가는 것"이라고 말한다. 하지만 수학과 담을 쌓고 지냈던 학생의 경우 문제풀이 자체가 쉬운 일이 아니다.

따라서 수학 공부에서 관건은 '시간 투자'이다. 열심히 풀고 또 푸는 것 외에는 다른 방법이 없다. 수학 실력이 단시간에 늘지 않는 가장 큰 이유 가운데 하나가 바로 이것이다. 하지만 이러한 사실을 반드시 부정적으로 볼 필요는 없다. 바꾸어 말하면 시간을 들이면 들일수록 좋은 결과가 보장된다는 것이기도 하니까.

신미영 양(고려대)은 "수학도 암기과목"이라고 말한다. 그녀 역시 수학 성적 때문에 마음고생이 심했다. 신 양은 수학 공부에 대한 시간 배정을 두 배로 늘렸다. 문제를 많이 풀어보았고, 어려운 부분은 모조리 외운 뒤 다른 문제로 넘어갔다. 그런데도 응용문제가 나오면 틀리는 경우가 많았다. 하지만 신 양은 그것 역시 풀이를 통째로 외워버렸다.

"처음에는 예제풀이를 마구잡이로 외우는 경우가 많았어요. 왜 그런지도 모르고 외우는 거였으니까요. 그런데 참 희한하게도 나중에는 이해가 가더라고요. 그러다가 이상한 게 있으면 또 외우고요. 외우고 외우다가 나중에는 우리 반에서 '수학귀신'이란 소리를 들었어요."

수학 성적이 좋았다는 다른 학생들도 이와 비슷한 경험을 이야기했다.

이성철 군(서울대)은 이렇게 말한다.

"기본적인 원리를 이해하는 것이 중요하죠. 그렇지만 그냥 이해만 하는 수준으로는 수학에서 만점에 가까운 점수를 얻기란 불가능해요. 원리는 당연히 암기해야 해요. 그리고 예제를 풀면서 그것까지 최대한 외워버려야 합니다. 수학 성적이 톱 클래스인 아이들은 모두가 예제를 통째로 외우고 있어요. 그렇게 외운 예제를 반복해 숙달시키고 그걸 변형해서 적용하는 거죠. 어려운 수학 문제를 금방 풀어내는 것은 이런 숙련도 때문이에요. 예제를 많이 외우다 보면 문제를 풀 때 적용할 공식이 확 줄어들거든요.'

이성철 군의 말에서 한 가지 중요한 포인트를 발견할 수 있다. '처음과 끝이 붙어 있다'는 것이다. 기피 과목에 정을 붙이기 위해 '암기 고행에 돌입하는 것(처음)'이 최상위권 학생들의 '예제 통째로 외우기(끝)'와 밀접한 관련을 가지고 있다는 부분이다.

암기 고행이 반복 학습을 거쳐 단련되면, 머릿속에 입력되고 잔류하는 건더기의 규모가 커진다. 처음에는 간단한 단어나 공식 수준이던 것이 나중에는 문장과 예제풀이 단위로 확대되는 것이다.

반복 학습의 변형이라고 할 수 있는 '완전학습(Mastery Learning)'의 효과는 여러 가지 연구에 의해 입증되었다. 처음에는 잘 이해가 되지 않더라도, 반복하다 보면 완전학습이 가능하다는 이 이론은 우리 모두에게 매우 희망적이다.

수학의 최고 고수들은 자신이 암기하는 줄도 모르면서 암기하는 학생들이다. 이런 과정을 통해 '수학귀신'이란 별명이 붙게 된 것이다.

이해가 가지 않더라도 익히고 또 익히며 암기하는 과정에서 그 뜻을 깨닫게 된다. 깨닫는 즐거움을 느낄 때가 있다면 어느덧 '선수'의 반열에 오른 것이다.

방학, 역전의 마지막 찬스다

방학이 끝난 뒤 새로운 면모를 보이는 친구들을 간혹 보게 된다. 1등을 따라잡거나, 갑자기 상위권으로 도약하는 친구들이 그런 예이다. 그들은 방학을 자기 한계 돌파의 기회로 활용했기 때문에, 그같은 결과를 만들어낼 수 있었다.

우리나라 학생들에게 방학은 일종의 '해방'이다. 학교 수업과 빠듯한 일상에서 벗어나 모처럼의 여유를 만끽할 수 있는 시기로, 휴식을 통해 지친 몸과 마음을 재충전한다.

그러나 방학은 '만회의 기회'이기도 하다. 평소 부족했던 과목의 공부를 보충해 역전의 발판을 마련할 수 있기 때문이다. 적어도 국영수 같은 주요 과목의 경우, 방학 기간의 학습이 성적을 좌우한다고 해도 과언이 아니다.

김범석 군(고려대)은 고1 겨울방학을 영어에 집중 투자했다. 영어 선생님의 말씀대로 영영사전을 구입해 독해와 단어 암기를 중심으로 공부 했다. 김 군의 고1 때 영어 점수는 100점 만점에 70점 정도였다. 공부는 한다고 했는데 성적은 기대만큼 쉽게 오르지 않았다. 영어 선생님을 찾아갔더니 "영영사전을 활용해 보라"고 조언을 해주셨다.

영어 지문을 보고 문제를 푼 뒤 모르는 단어는 영영사전에서 찾았고, 새로운 단어를 발견하면 형광펜으로 표시를 해두었다. 그런 식으로 공부하다 보니 모르는 단어의 뜻을 영어로 보는 과정에서 유사 어휘와 반대어를 동시에 발견할 수 있었다. 또 예문까지 보면서 단어가 어떤 뉘앙스를 갖는지 세심하게 살펴보았더니 영어 공부에 도움이 되었다.

"저는 단어장 만드는 걸 반대해요. 영어 단어는 문장 속에서 어떻게 쓰이는지가 중요하니까요. 단어만 열심히 외워봐야 한계가 있고, 그렇게 하면 실력이 늘지 않아요."

김 군은 방학 내내 영영사전을 끼고 다녔다. 화장실에서도 사전을 넘겨보는 버릇이 들었다. 새로운 단어를 찾다가 이전에 형광펜으로 표시했던 단어에 눈길이 갔고, 그 주변의 단어들까지 보게 되었다. 영영사전을 통해 단어를 발견하고, 또 발견하는 과정에서 어휘력이 크게 향상된 것이다.

"영영사전을 보면서 한계를 극복할 수 있었어요. 전에는 영어 단어를 보면 그걸 정확한 우리말로 옮겨야 한다고 믿었는데, 영영사전을 자꾸 펴보니까 그런 버릇이 없어졌죠. 영어 단어의 뜻을 영어 그대로 생각하게 된 거예요."

김범석 군은 방학을 활용해 영어 과목과 친해지는 데 성공했다.

방학이 지난 뒤 새로운 면모를 보이는 친구들을 간혹 보게 된다. 1등을 따라잡거나, 갑자기 상위권으로 도약하는 친구들이 그런 예이다. 그들은 하나같이 방학을 자기 한계 돌파의 기회로 활용했기 때문에 그같은 결과를 만들어낼 수 있었다.

방학은 '휴식과 재충전'의 기간임에 틀림없다. 우등생이라고 해서 방학 때 쉬지 않는 것은 아니다. 그러나 그들이 더욱 주목하는 것은 '재충전'이라는 부분이다. 성공하는 사람들에게는 특징이 있다. 남을 따라하지 않는다는 점이다. 남이 할 때는 더욱 강하게 노력하고, 남이 하지 않을 때도 노력을 게을리 하지 않는다. 원인 없는 결과란 없다.

"저는 문제아였는데요"

질풍노도의 시기, 아이들은 수많은 고민과 좌절을 경험한다. 명문대에 입학한
학생들도 그런 성장통을 겪었다. 중요한 것은, 학생들이 온갖 유혹으로부터
자신을 지켜내거나 위험을 관리하면서 목표를 향해 집요하게 다가섰다는 점이다.

김 형모 군(서울대)은 중학교 1학년 때 '문제 서클'에 가입한 적
이 있었다. 학교에서 '짱을 먹고 있는' 선배가 멋져 보여 친
구와 함께 가입했다는 것이다.

김 군이 서클에 가입했다는 소문이 돌자, 어느 누구도 싸움을 걸
지 않았다. 선배들에게 잘 보이기 위해 열심히 돈을 '빌리러(빼앗
으러)' 다니는가 하면, 인근의 다른 학교 근처로 원정을 나가기도
했다.

그러던 중 학교가 불량학생 일제소탕에 들어갔다. 아이들로 하
여금 문제학생을 적어 내게 하고, 그 학생들을 별도 관리한다는 것
이 학교의 방침이었다. 김 군이 속해 있던 서클은 학생부의 표적이
되었고, 김 군 역시 근신 처분을 받았다. 일주일 동안 학생 지도실

로 등교해 그곳에서 매일 반성문을 썼다.

김 군은 반성문을 하루 10장씩 빼곡히 채우면서 생각했다.

'내가 지금 뭐하는 거지?'

이지윤 양(연세대)은 한 때 모 댄스 그룹의 팬클럽 총무였다. 이 양은 초등학교 때부터 '방송국 앞 죽치기 행렬'에 익숙해 있었다. 그녀는 전성기를 누리는 가수들보다는 신인을 좋아했다. 신인 가수들에게는 풋풋한 그 무언가가 느껴졌다.

지금도 이지윤 양은 팬클럽 총무 일이 무척 재미있었다고 말한다. 댄스 그룹의 스태프로 참여한다는 생각에 자부심을 느꼈고, 다른 여학생 팬들의 질투 어린 시선이 한편으로는 즐겁기도 했다고 이 양은 회상했다.

하지만 그 댄스 그룹은 두 번째 앨범 실패 직후에 해체되고 말았다. 기획사가 포기한 것이었다. 이 양을 비롯한 팬클럽 회원들은 기획사 사무실 앞에서 밤새워 시위를 벌였다.

>> **고등학교 때까지 모범생이었습니까?**

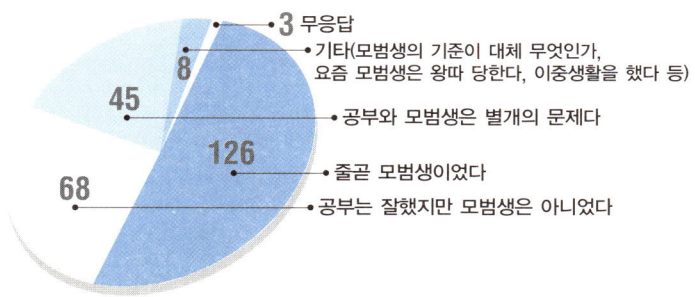

3 무응답
기타(모범생의 기준이 대체 무엇인가, 요즘 모범생은 왕따 당한다, 이중생활을 했다 등)
8
45 공부와 모범생은 별개의 문제다
126 줄곧 모범생이었다
68 공부는 잘했지만 모범생은 아니었다

새벽에 이 양의 엄마가 그녀를 찾아왔다. 엄마는 이 양을 보자마자 뺨을 후려쳤다. 어깨며 등이며 할 것 없이 마구 때리기 시작했다. 이 양은 잔뜩 움츠리고 앉아서 맞기만 했다.

"처음 한 대 맞았을 때는 막 화가 났어요. 짜증스럽더라고요. 그런데 몇 대 맞다보니까 가슴이 철렁한 거 있죠? 엄마가 '이년아 이년아' 하고는, 말도 제대로 못하면서 때리다가 어느새 통곡을 하고 계시더라고요. 맞은 데보다는 가슴이 더 아팠어요."

기성세대는 이런 편견을 갖고 있다.

'공부 잘하는 학생들은 모두가 모범생'이라는 생각이다. 모범생이기 때문에 부모와 선생님의 말씀을 잘 따랐고, 그래서 성적이 좋았으며, 좋은 대학에 들어갈 수 있었던 것이라고 믿는다.

대개는 그렇다. 하지만 모범생이 아니었다고 해서, 명문대와 인연이 전혀 없는 것은 아니었다.

설문조사에 응한 250명 가운데 126명이 '줄곧 모범생이었다'고 응답했다. 절반이 조금 넘는 수준이었다. 그러나 68명의 학생들은

>> 중고등학교 시절, 일탈을 해본 적이 있습니까?

89명	해본 적이 없다
77명	해본 적은 없지만 그런 충동을 느낀 적은 있다
75명	일탈을 해보았다
9명	무응답

'공부는 잘했지만 모범생까지는 아니었다'고 답했다. 또 45명은 '공부와 모범생은 별개의 문제'라고 답변했다.

조사 대상 학생들에게 '중고교 시절, 일탈을 해본 적이 있느냐'고 질문해 보았다.

75명의 학생들이 '일탈을 경험해 본 적이 있다'고 응답했다. 또 77명은 '일탈을 해본 적은 없지만 그런 충동을 느낀 적은 있다'고 답했다. '일탈해 본 적이 없다'는 반응은 89명 정도였다.

학생들이 중학교 과정을 마치고 고등학교에 들어가면 급작스러운 변화에 당황해 하는 경우가 많다. 공부를 노골적으로 강요하고, 성적으로 사람을 평가하는 분위기에 주눅이 들기도 한다.

공부를 잘하는 학생이 간혹 일탈을 하면 '실수'라며 귀엽게 봐준다. '잘 놀면서 공부도 잘하는 별종'으로 특별 취급을 해주기도 한다. 반면 성적이 좋지 않은 학생이 사소한 교칙이라도 어기면 '반 평균이나 깎아먹는 문제아'라는 낙인이 찍힌다. 마치 공부 못하는 것이 원죄처럼 여겨지는 것이다.

질풍노도의 시기. 아이들은 수많은 고민에 빠진다. 공부만이 고민의 대상이 아니다. 고민에서 헤어나지 못해 좌절을 겪기도 한다.

명문대에 입학한 학생들도 그런 성장통을 겪었다. 중요한 것은, 학생들이 온갖 유혹으로부터 자신을 지켜내거나 위험을 관리하면서 목표를 향해 집요하게 다가섰다는 대목이었다. 자신과의 싸움에서 이기지 못한다면 어둡고 깊은 수렁 속에서 영영 빠져나오지 못할 수도 있다.

제 3 부

공부 비법은 없어도

공부 요령은 분명

따로 있다

반복 학습의 위력,
몰라도 여러 번 본다

우등생들은 반복 학습의 위력을 절감하는 학생들이다.
보고 또 보고, 다시 보는 과정에서 머릿속에 틀이 박힌다.

"참 이상한 게요, 제가 1시간 걸리는 것을 그 녀석은 20분도 안 돼서 끝내더라고요. 정말 천재인 줄 알았다니까요. 그런데 나중에 보니까 그게 아니었어요."

박정욱 군(연세대)은 독서실 옆자리의 우등생을 흉내내어 공부하다가 자괴감을 느껴야만 했다. 박 군은 공부를 할 때, '완벽하게 해야 한다' 는 스타일이었다. 모든 대목을 샅샅이 이해해야 했고 완전하게 외운 뒤에야 다음 진도로 넘어갈 수 있었다.

그런데 우등생 친구는 달랐다. 공부할 범위를 대충 훑어보고 몇 가지를 체크한 뒤, 다시 읽어본 다음 덮어버리는 것이었다. 이후에 공부할 때는, 그 부분을 다시 훑어보고 다음 단원으로 진도를 나가는 형식이었다. 일종의 '겹치기 방식' 이었던 셈이다.

박 군 역시 그런 방법으로 공부 스타일을 바꿔보았다. 조금 아쉬울 때가 있었지만 과감하게 책을 덮었다. 그런 다음 다시 공부를 할 때는 전에 학습했던 부분을 훑어보고 진도를 나갔다.

그랬더니 전에는 없던 일이 일어나기 시작했다. 암기하려고 기를 쓰지 않았는데도 학습한 내용들이 머릿속에 남는 것이었다.

250명의 조사 대상 학생들에게 각자의 학습 스타일에 대해 질문해 보았다. 가장 많은 응답은 '슬슬 읽어보면서 중요한 부분을 중심으로 체크한다'(74명)였다. 다음으로는 '대충 한 번 보고 다시 보는 식'(68명)이 많았다. '지속적인 반복 학습'도 33명에 달했다.

반면 '천천히 넘어가는 스타일'과 '철저히 이해하면서 공부한다'고 응답한 학생은 각각 38명과 25명이었다. 조사에 응한 250명 가운데 70퍼센트가량이 반복 학습의 위력을 체험한 셈이다.

중위권 학생들은 공부에 대한 의지는 있지만, 스스로를 불신하

>> 우등생들의 학습 스타일은?

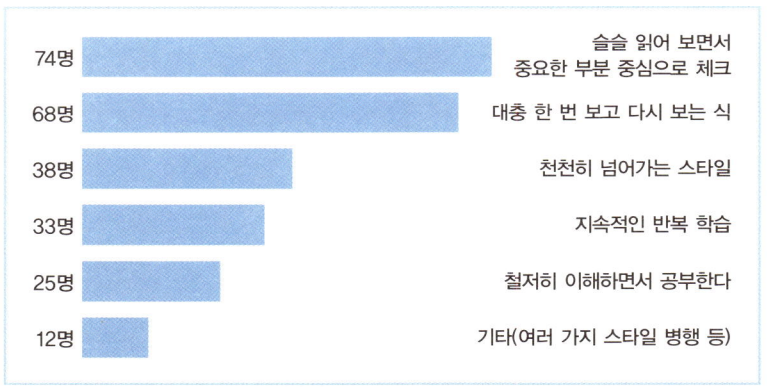

74명	슬슬 읽어 보면서 중요한 부분 중심으로 체크
68명	대충 한 번 보고 다시 보는 식
38명	천천히 넘어가는 스타일
33명	지속적인 반복 학습
25명	철저히 이해하면서 공부한다
12명	기타(여러 가지 스타일 병행 등)

는 경우가 많다. 자기의 능력을 믿지 못하는 것이다. 그래서인지 한 대목에서 막히면 좀처럼 진도를 나가지 못한다.

이런 학생들의 경우 평소에는 공부를 하지 않다가 시험이 임박해서야 암기 고행에 돌입한다. 시간은 촉박한데 무엇을 암기해야 할지 그저 막막할 뿐이다. 그러다 보니 '무조건 암기' 수준에서 헤어나지 못하는 경우가 대부분이다.

반면 상위권 학생들은 '무조건 암기' 수준에서 한 차원 벗어나 있다. 공부 잘하는 아이들은 평소에 학습을 게을리 하지 않는다. 여러 번에 걸쳐 반복 학습을 하는데, 한 번 읽어보고 전체의 흐름을 파악한 다음, 무엇이 중요한지를 체크하고 그것을 중심으로 암기한다. 다시 말해, 폭넓은 암기 방식을 따르는 것이다. 중요한 부분만 암기하고 나머지는 버린다고 생각하면 착각이다.

상당수의 학생들은 공부 잘하는 아이들을 보며 마냥 부러워하기만 한다. 그러면서 우등생의 시험 기간 공부 스타일만을 탐색하려 든다.

평소에는 자신들이 학습에 공을 들이지 않기 때문에 우등생들이 어떤지 관심조차 없다. 그러다가 시험 기간 동안 우등생들이 일사천리로 정리하는 것을 보면서 '머리가 좋으니까' 하며 단정 짓는다.

공부 잘하는 학생의 비결이 궁금하다면 평소 그 친구의 행동을 관찰할 필요가 있다. 시험에 임박해 벼락치기 공부를 하는 우등생은 찾아보기 드물다. 그렇게 보이는 친구가 있다면, 그것은 페인트 모션(feint motion)일 뿐이다.

우등생들은 반복 학습의 위력을 절감하는 학생들이다. 보고 또 보고, 다시 보는 과정에서 머릿속에 틀이 박힌다.

반복 학습이 왜 효과적인지, 전문가들은 분석을 통해 우리에게 증명한다. 아래의 그래프는 '망각 곡선(Forgetting Curve)'을 나타낸다. 우리의 뇌는 입력되는 정보를 일일이 저장할 수 없다. 창밖에서 들려오는 소리나 앞자리 학생이 무슨 옷을 입었나 하는 세세한 정보까지 저장한다면, 아마도 우리의 뇌는 터져버릴 것이다. 망각은 이처럼 인간의 생존에 필수적이다.

하지만 문제는, 간직하고 싶은 기억까지도 자꾸 잊혀지는 데 있다. 그래서 뇌는 자기가 살아남을 방법을 스스로 만들어두었다. 같은 정보가 반복해서 들어올 때에야 비로소 그것을 중요하게 인식하고 장기 기억(Long-term Memory) 장치에 저장하는 것이다.

따로 공부를 하지 않을 경우, 수업시간에 들은 내용은 다음날이

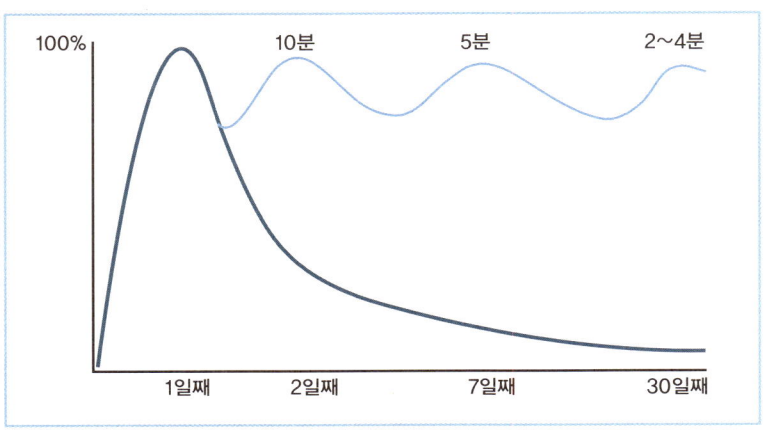

되면 50~80퍼센트 정도 잊어버리게 된다. 우등생이라고 해서 크게 다를 바가 없다. 일주일이 지나면 더 많은 것을 망각하게 되고 한 달이 지나면 배운 것의 2~3퍼센트만이 뇌에 남아 있게 된다.

학자들은 한 시간 동안 배운 것을, 그날 안에 10분 정도 복습한다면 100퍼센트까지 기억에 담아둘 수 있다고 지적한다. 일주일 후에 5분, 다시 한 달 후에 2~4분간 복습을 하면 뇌가 그 정보를 장기 기억 장치에 담아두어 오랫동안 저장하게 된다는 이론이다.

옆의 그래프는 학습을 반복할수록, 기억을 되살리는 데 걸리는 시간이 짧아진다는 사실을 보여준다. 처음 공부는 힘들지만 그것을 관리하면서 장기 기억으로 유지시키는 것은 그다지 어렵지 않다.

우리의 머릿속은 복잡하기 이를 데 없다. 아는 것과, 어렴풋하게 본 대목, 일상생활의 기억 등으로 뒤죽박죽 상태이다. 공부를 하는 것은 이처럼 뒤엉킨 기억을 정리해 가며 각각의 기억 장소로 이동, 분류해 가는 과정이다. 즉, 반복 학습을 통해 수많은 정보들이 제자리를 찾아가며 맥락을 파악할 수 있게 되는 것이다.

잘 만든 오답 노트가
최종 성적을 결정한다

틀렸던 문제를 다시 틀리는 경우가 많다. 한 번 틀렸기 때문에 다시는 틀리지 않을 것처럼 생각하지만, 다음 시험에 유사한 문제가 나오면 똑같은 방법으로 틀리고야 만다. 이런 문제에 한 번은 당해도, 두 번은 당하지 않는 것이 고득점의 비결이다.

고 윤철 군(서울대)은 "오답 노트가 좋은 성적을 만들어낸다"고 강조한다. 대다수의 우등생들에게 오답 노트는 필수항목이었다.

고 군의 오답 노트 만들기는 고등학교 1학년 때 시작되었다. 담임선생님의 권유에 따른 것이었다. 두꺼운 대학노트를 구해 모의고사나 중간, 기말고사에서 틀린 문제들을 오려 붙였다. 국영수 같은 주요 과목에 한해 오답 노트를 만들고, 문제집을 풀다가 틀린 문제도 복사해서 노트에 붙였다.

분량이 늘어나자 어머니가 가세했다. 고 군이 틀린 문제를 표시해서 책상 위에 올려놓으면 어머니가 그 부분을 오려서 노트에 붙여주셨다.

몇 달 정도 오답 노트를 정리해 보니까 자신의 취약 부분을 알 수 있었다. 영어의 경우 흩어진 문장을 재구성하는 패턴에 약했고, 수학은 여러 가지 공식을 활용해야 하는 통합형 문제에서 곧잘 틀렸다.

고 군은 틀린 문제를 연습장에 다시 풀어보는 방식을 취했다. 풀어서 정답을 맞힐 경우 문제 옆에 동그라미 표시를 했다. 또 틀렸지만 어느 정도 이해를 했다 싶으면 세모 표시를 했고, 도무지 모르겠다 싶을 때는 가위 표시를 해두었다.

그 다음에 오답 노트를 다시 볼 때는 세모와 가위 표시를 중심으로 풀었다. 또 제대로 이해했는지 확인하기 위해 비슷한 유형의 문제를 참고서나 문제집에서 찾아 풀어보며 완전히 터득했다. 오답 노트의 가위 표시를 모조리 동그라미로 바꾸는 것이 고 군의 목표

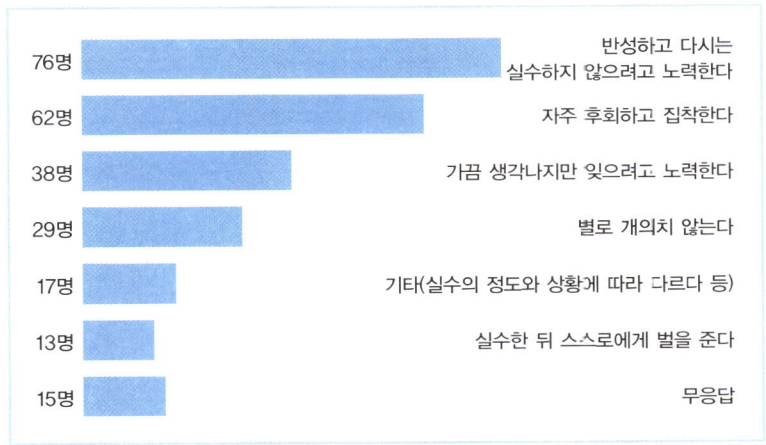

>> 실수에 대해 어떻게 생각합니까?

76명	반성하고 다시는 실수하지 않으려고 노력한다
62명	자주 후회하고 집착한다
38명	가끔 생각나지만 잊으려고 노력한다
29명	별로 개의치 않는다
17명	기타(실수의 정도와 상황게 따라 다르다 등)
13명	실수한 뒤 스스로에게 벌을 준다
15명	무응답

였다.

많은 선생님들이 학생들에게 오답 노트 만들기를 권한다. 그러나 선생님의 당부를 좋아하는 학생들은 많지 않다. 모의고사가 끝나면 정답을 체크해 몇 점인지 확인하는 데 급급할 뿐이다. 그리고는 가차없이 시험지를 버린다. 무엇을, 왜 틀렸는지 굳이 알고 싶어하지 않는다.

또 오답 노트를 만들기는 하지만, 그것을 제대로 활용하는 경우는 극히 드물다. 고윤철 군은 "잘 만든 오답 노트 몇 권이 입시 원서의 종류를 가른다"고 말한다.

"오답 노트 만드는 걸 귀찮아하는 애들이 많죠. 풀어보고 넘어가면 되지, 성가시게 그런 걸 왜 만드느냐는 얘기를 해요. 오답 노트 만들 시간에 몇 자 더 보자는 거죠. 그렇지만 이런 애들은 틀린 문제를 자꾸 틀려요."

고 군의 지적처럼, 틀렸던 문제를 다시 틀리는 빈도는 매우 높다. 한 번 틀렸기 때문에 다시는 틀리지 않을 것처럼 생각하지만, 다음 시험에 유사한 문제가 나오면 똑같은 방법으로 틀리고야 만다. 이런 문제가 정곡을 찌르는 문제이다. 이런 문제에 한 번은 당해도, 두 번은 당하지 않는 것이 고득점으로 가는 지름길이다.

발전을 돕는 가장 좋은 계기는 반성이다. 시험을 치고 나면 시험지 재활용은 필수이다. 시험지는 한 번 보고 버리는 성질의 것이 아니다. 학생들 각자가 자신의 경우를 되돌아보고 시험 이후에 자기 행동이 어떠했는지를 반성해 보아야 할 것이다.

학교 수업 110퍼센트 활용법

선생님의 강의를 들으며 곧바로 소화하는 것이 수업시간을 100퍼센트 활용하는
우등생들의 노하우였다. 여기에 10퍼센트의 노력이 더해지면 최상위권으로
진입하게 된다. 그 10퍼센트란 수업의 틈새 시간까지 빈틈없이 활용하는 것이다.

박 주현 군은 고1 겨울방학이 지난 뒤 수학 과목에 자신감을 얻
었다. 겨울방학 동안 수학 참고서를 처음부터 끝까지 두 번
이나 보았기 때문이다.

책의 두께에 질려 '언제 다 보나' 하고 걱정을 하면서 시작했지
만 한달 보름 만에 두 번을 보는 데 성공했다. 처음에는 공식과 예
제만을 대강 훑어보면서 기본 개념만 이해하면 바로 진도를 나갔
다. 두 번째 볼 때는 연습문제까지 풀어가면서 공식을 암기하려고
노력했다.

이렇게 공부를 하고 나니 수학 시간이 기다려졌다. 수업시간에
여유가 생긴 것이다. 처음에는 선생님이 문제를 풀면 잘 듣는 정도
였는데, 그 정도로는 만족할 수가 없었다.

그래서 선생님과 경쟁을 하기 시작했다. 선생님이 칠판에 문제를 풀기 시작하면 박 군도 연습장에 문제를 풀었다. 선생님은 풀이 과정을 상세하게 설명하느라 박 군보다 풀이가 늦는 경우가 대부분이었다. 그 사이 자신이 먼저 푼 방법과 선생님의 방법을 비교하면서 다른 점을 체크했다. 그리고 스스로 풀다가 막히면 선생님의 설명을 들었다.

선생님은 간혹 수업시간 중에 아이들을 불러내 칠판에 문제풀이를 시키는 경우가 있었다. 잘 푸는 아이들은 금세 풀고 자리로 돌아왔지만 헤매는 아이들이 대다수였다. 이런 아이들은 선생님께 혼이 나곤 했는데, 박 군은 이런 시간까지 놓치지 않고 활용했다. 틈틈이 교과서의 다른 문제나 자습서에 나온 연습문제를 풀며 자투리 시간도 그냥 흘려 보내지 않았다.

수업시간 50분은 학생들 누구에게나 똑같다. 그러나 중위권 학생들과 우등생은 그 50분을 활용하는 방법에서 큰 차이를 보인다. 수동적인 태도로 수업에 임하는 중위권 학생들은 선생님이 강의하는 내용을 받아 적는 것에 그치고 만다. 공부는 나중에 따로 해야 한다고 생각하기 때문에, 일단 받아먹고 소화는 나중에 시키겠다는 '미루기' 식 태도를 보이는 것이다.

반면 우등생들은 수업에 적극적으로 참여한다. 선생님의 강의와 별도로 자기 시간을 찾아내고, 그 속에서도 틈새 시간을 적극 활용한다.

이은경 양(서울대)은 선생님이 수업하는 내용을 들으면서 포인트라고 생각되는 부분은 연습장에 한 번씩 써가며 바로 암기하려고 노력했다. 수업시간에 강의 듣기와 암기를 동시어 수행했던 셈이다. 수업이 끝난 뒤에는 연습장에 써본 내용을 추려내 교과서나 참고서에 형광펜으로 표시를 해두었다. 이 양은 첫번째 복습 타이밍을 이렇게 운용했다.

많은 선생님들이 수업시간에 진도만 나가지는 않는다. 공부와 관련된 다른 이야기를 하거나 아이들이 관심을 가질 만한 흥미로운 이야기 보따리를 풀기도 한다. 따분한 수업을 지겨워하는 아이들의 주의를 환기시키기 위한 일종의 배려이다. 이처럼 학교 선생님들은 중위권 학생들의 눈높이에 맞춰 수업을 진행하는 경우가 많다.

이은경 양의 경우에는 선생님의 이야기를 들으던서 교과서를 넘겨보았다고 했다. 그러다보니 형광펜으로 체크한 부분을 중심으로 훑는 과정에서 깜빡 잊었던 부분을 다시 발견하는 경우가 많았다. 또 전에 배운 부분과 현재 진도를 나가고 있는 항목간의 새로운 연관 고리를 찾아낼 때도 있었다.

선생님의 강의를 들으며 곧바로 소화하는 것이 수업시간을 100퍼센트 활용하는 우등생들의 노하우였다. 여기에 10퍼센트의 노력이 더해지면 최상위권으로 진입하게 된다. 그 10퍼센트란 수업의 틈새 시간까지 빈틈없이 활용하는 것이다.

부족한 실력을 만회하기 위해 어떤 학원을 다녀야 할지 고민하는 것은 문제를 근본적으로 해결하려는 자세가 아니다. 수업시간을 얼마나 활용하고 있는지 스스로를 측정해 보자. 대다수의 중위권 학생들은 다음의 2~3단계에서 머무른 채 더 나아가지 못한다.

아무리 노력해도 성적이 제자리걸음을 한다면 우등생들이 수업시간에 어떻게 하는지를 눈여겨보기 바란다.

수업시간 활용의 6단계

−1단계 : 졸거나 다른 생각을 한다.

0단계 : 강의를 듣지 않고 다른 공부를 한다.

1단계 : 선생님의 강의를 '구경'한다.

2단계 : 강의를 듣기는 해도, 공부는 나중에 따로 해야 한다고 생각한다.

3단계 : 열심히 들으며 필기한다.

4단계 : 수업시간에 웬만한 암기까지 마치려 한다.

5단계 : 수업의 틈새 시간까지 활용해 나만의 공부를 덤으로 한다.

중위권 학생들은 '100점 만점에 90점이 넘으면 그 과목을 잘하는 것'으로 생각한다. 하지만 마지막 10점을 올리기가 더 힘들다. 전교 10등이 전교 1등을 하기 쉽지 않은 것과 같은 이치이다. 수업시간도 나머지 10퍼센트를 잘 활용하면 큰 효과를 거둘 수 있다.

형광펜으로 핵심을 집어낸다

"한 번 보고 완전히 파악하면 천재게요? 이해가 안 되는 부분이 있어도
눈 딱 감고 그냥 지나치는 버릇을 길렀어요. 두 번째 볼 때는
조금 천천히 보면서 뭐가 중요한지 생각해요. 그러면서 형광펜을 쓰는 거죠."

반복 학습을 강조하는 학생들 가운데는 형광펜을 사용하는 경우가 눈에 띄게 많았다. 주희연 양(서울대)은 스스로 '형광펜 마니아'였다고 말한다. 주 양은 평소 커다란 필통에 노란색과 파란색, 빨간색 형광펜을 두세 세트씩 가지고 다녔다.

주희연 양은 책을 잡으면 공부할 분량을 빠른 시간 안에 한 번 훑어본다. 그리고 다시 보면서 중요하다고 생각하는 부분에 형광펜으로 표시를 해둔다. 그러면서 중요한 포인트를 3등급으로 나누는데, 일반적인 항목이면 노란색을, 그보다 중요하면 파란색을, 키워드라고 생각되는 부분에는 빨간색을 각각 칠한다.

이렇게 표시를 해놓은 뒤, 주말에 일주일 분량을 다시 공부하는 것이다. 그리고 시험 때 다시 복습하니까 최소한 네 번은 보는 셈

이다.

"한번 보고 완전히 파악하면 천재게요? 이해가 안 가는 부분이 있어도 눈 딱 감고 그냥 지나치는 버릇을 길렀어요. 두 번째 볼 때는 조금 천천히 보면서 뭐가 중요한지 생각해요. 그러면서 형광펜을 쓰는 거죠. 친구들이 제 책을 보고는 '총천연색 시네마스코프'라고 해요. 전 지금도 형광펜이 없으면 공부를 못 해요."

형광펜은 교과서나 참고서에 질서를 세우는 역할을 한다. 하얀 종이 위에 인쇄된 글씨와 기호는 형광펜 표시를 거쳐 새로운 모습으로 거듭난다.

우선 형광펜으로 칠해진 부분을 보고 중심 테마를 한눈에 파악한다. 그런 다음 그 뼈대에 살을 붙이는 식으로 공부를 하는 것이다. 또 형광펜으로 표시를 해놓은 부분에는 자꾸 눈이 가기 때문에 핵심을 암기하는 데도 유리한 측면이 있다.

주 양의 이야기 가운데 새겨두어야 할 부분이 있다.

'처음 볼 때는 이해가 안 가는 부분이 있어도 눈 딱 감고 지나친다' 는 부분이다. 이해하기 어려운 부분이 있더라도 꾹 참고 넘어간 뒤, 다시 읽다 보면 감이 잡힌다는 것이 많은 우등생들의 공통된 경험이었다.

다른 과목에서도 마찬가지이다. 어제는 어려웠던 문제가 오늘은 쉽게 해결되는 경험을 누구나 해보았을 것이다. 조금만 다른 각도에서 생각하면 쉽게 해결될 수 있는 문제가 발목을 잡는 경우가 종종 있다. 실제로 많은 교육 전문가들이 어려운 문제에 봉착했을 때에는 무작정 매달릴 것이 아니라, 조금 시간을 두는 것이 효과적이라고 지적한다.

중요한 것은 전체의 맥락을 파악하는 일이다. 세세한 내용은 맥락을 잡은 후에 다시 보면 더 잘 이해할 수 있다. 맥락을 잡지 못하고 무조건 암기하는 것은, 나무를 보고 숲을 보지 못하는 우를 범하는 것과 같다.

반복 학습 스타일을 시도해 보고자 한다면 형광펜을 활용하는 것도 좋은 방법이다. 그러나 형광펜 활용은 책에 시커먼 줄을 긋는 것과는 양상이 다르다.

볼펜이나 연필로 줄을 그어가면서 공부를 하는 학생들이 간혹 있는데, 이러다가 본문이 보이지 않는 경우도 종종 발생한다. 책에 표시를 하는 것은 중심 테마가 쉽게 눈에 띄도록 하자는 것이지, 본문을 지우자는 의도가 아니다.

하지만 더러 책에 아무런 표시를 해놓지 않는 것이 좋다고 주장하는 학생들도 있다. 물론 정답은 없다. 주희연 양의 형광펜 공부 스타일이 모든 학생들에게 적용될 수 있는 것은 아니다. 자신에게 맞는 공부 스타일을 찾아내기 위해서는 다양한 시도를 해볼 필요가 있다는 사실만 기억해 두자.

표 만들기의 위력

"직접 만드는 표는 충분히 학습을 하고 나름의 연관성까지
감안하여 나만의 스타일로 정리한 것이기 때문에,
남의 손으로 만들어진 요점 정리 참고서와는 차원이 다르다."

'백문이 불여일견' 이라는 말이 있다. 정보가 시각적인 형태로 입력될 때, 우리의 뇌는 그것을 훨씬 쉽게 이해하는 경향이 있다. 표는 여러 가지 개념과 그 상호관계를 시각적인 형태로 보여줌으로써 학습 내용을 효율적으로 요약할 수 있게 해준다.

성낙재 군(성균관대 의대)은 '표 만들기가 취미' 였다고 말한다.

"암기과목도 잘 보면 체계가 있어요. 무턱대고 외우는 게 아니죠. 저는 중심에서 벗어나는 개념들은 표로 만들어서 공부했어요. 수학 공식도 표를 만들어가며 외우면 일목요연하게 정리가 돼요. 참고서 중에는 표를 잘 정리해 놓은 것들이 있는데 그걸 복사해서 노트에 붙이고, 미흡한 것은 제가 덧붙이는 방식으로 공부했어요."

성 군은 중학교 때 친구에게 표 만들기 요령을 배웠다고 했다.

초기에는 번거롭기만 하고 노력에 비해 뚜렷한 성과를 얻지 못했다고 했다. 그러나 그런 표가 차츰 모이면서 공부의 핵심을 찾을 수 있었다고 한다.

입시 패턴이 점차 종합적인 지식과 사고를 요함에 따라, 이제 한 과목만 잘 이해한다고 해서 높은 점수를 받기란 점점 더 어려워지고 있다.

표를 잘 활용하면 각 과목간의 연관성을 파악해 이해하고 암기하는 데 많은 도움이 된다. 대표적인 것이 국사와 세계사 같은 과목이다. 이와 같은 과목들의 경우에는 특정 시기의 우리나라와 동서양 사건을 함께 정리해 일목요연하게 표로 만들 수 있다.

시중에는 표를 집중적으로 다룬 최종 요점정리 참고서들이 많이 나와 있다. 그러나 성 군은 "직접 만드는 표는 충분히 공부를 하고, 나름의 연관성까지 감안하여 나만의 스타일로 정리한 것이기 때문에 남의 손으로 만들어진 요점정리 참고서와는 차원이 다르다"고 말한다.

또한 표는 새로운 개념을 이미 알고 있던 개념어 연결시켜 주는 역할도 한다. 수업시간에 배운 내용을 표로 요약해 보면 깔끔한 체계가 세워지는 것을 발견할 수 있다. 새로운 내용을 표에 추가시켜 수시로 업데이트해야 한다는 점도 잊어서는 안 된다.

조사 결과 학생들에게는 저마다의 공부 스타일이 있었다. 이것은 일종의 '요령'일 수도 있다. 그러나 흔히 생각하는 '공부 테크닉(최소한의 공부로 최대한의 효율을 내는 것)'과는 차이가 있다. 공부하는 양이 기본적으로 많은 가운데 나름의 정리까지 공을 들여야

하므로 오히려 부담은 더 가중된다. 테크닉보다는 학습의 정리 습
관에 가깝다고 봐야 할 것이다.

>> 경험상, 학습 효율이 가장 높은 시간은 언제였습니까?

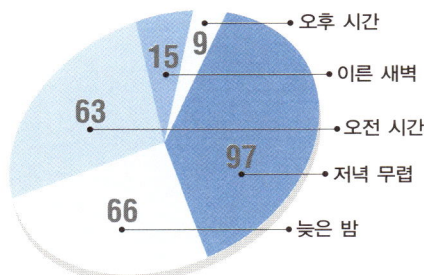

공부 스타일이 제각각이듯, 개인에게는 저마다의 라이프 스타일
이 따로 있다. 이른 새벽에 일어나 공부하는 것을 좋아한다면 그런
습관을 이어가는 것이 좋다. 조사 결과, 저녁 무렵 공부에 집중했
다는 학생들이 가장 많았다. 그런 반면 늦은 밤에만 머리가 맑아진
다는 학생도 있었다. 그러나 심야 공부는 피로가 뒤따른다. 아침의
피로를 이겨낼 수 있다면 심야 시간을 활용해 보는 것도 하나의 방
법이다.

자투리 시간만 잘 활용해도
서너 과목은 마스터한다

남보다 앞서 가기 위해서는 다른 방법이 없다. 작은 것에서부터 승부를
걸지 않으면 안 된다. 쉬는 시간과 식사 시간 전후의 자투리 시간을 체크해 보자.
그 시간을 모두 합쳐보면 놀라지 않을 수 없다.

박 세용 군(서울대)은 "쉬는 시간 10분이 중요하다"고 말한다. 이른바 '자투리 시간 활용론'이다. 쉬는 시간 10분 동안, 다음 시간에 배울 범위를 미리 훑어보면 수업에 집중하기가 용이해진다는 것이 이 학생의 주장이다. 최소한 그 시간에 배울 부분의 개념 정도는 파악하고 수업에 들어갈 수 있다는 말이다. 아니면 바로 전 시간에 배운 것을 정리하기도 한다.

"쉬는 시간은 사실 엉망이죠. 아이들 거의가 장난을 치거나 문자 메시지를 보내고, 게임기도 갖고 놀고 그래요. 하지만 쉬는 시간 10분은 굉장히 중요하거든요. 하루 수업을 7교시로 잡아도 60분이니까요." (실제로는 0교시에 8교시, 야간자율학습까지 있는 경우가 대부분이다. 따라서 쉬는 시간은 이보다 훨씬 많은 셈이다.)

하루에 60분씩 일주일을 합하면 과연 몇 분이나 될까. 금요일까지만 따져 보아도 300분이나 되는 시간이다. 학교 수업 6교시에 해당하는 시간인 셈이다. 물론, 현실적으로 휴식시간을 모두 활용하기란 쉬운 일이 아니다. 그렇지만 쉬는 시간을 절반만 활용한다고 해도 3교시 수업 분량을 자습할 수 있게 된다.

우등생들은 이런 자투리 시간을 소중하게 활용해 영어 단어를 외우기도 하고 수학 문제집을 풀기도 한다. 박 군의 경우에는 쉬는 시간에 수학 문제를 풀었더니, 분량이 많지 않은 문제집의 경우 3주에 한 권씩 마스터할 수 있었다.

"아이들 떠드는 소리에 정신이 없지만, 수학 문제를 풀면 시끄러운 소리가 귀에 들어오지 않아요. 집중하는 데는 수학 공부만한 것이 없어요. 문제에 집중해서 풀이를 해 나가다 보면 교실에 혼자 있는 느낌이 들어요. 공부란 게 꼭 독서실에 가서 엄숙하게 해야 하는 건 아닌 것 같아요. 짬짬이 하는 것도 많은 도움이 돼요."

오정란 양(서울대) 역시 자투리 시간 예찬론을 편다. 하루 일과 중에서 잠시 짬이 날 때가 많은데 이런 때를 놓치지 말아야 한다는 것이다. 오 양은 자투리 시간에 아무 참고서나 손에 잡히는 대로 펴들고 훑어봤다. 대부분이 암기과목이었다.

예컨대 독서실에서 돌아온 휴일 저녁에 식사 준비가 덜 되었다면 이런 시간을 활용하는 것이다.

"그냥 뒤적거리다보면 눈에 들어오는 부분이 있어요. 그게 참고서의 중간이든 끝이든 상관없어요. 책을 잡으면 반드시 처음부터 봐야 한다고 생각하는 애들이 많은데, 그건 고정관념일 뿐이에요.

암기과목은 배운 부분이든 아니든 별 상관이 없어요. 읽어보면 이해가 되거든요."

자투리 시간 활용은 계획한 공부 시간 외에 덤으로 찾아내는 것이다. 잠깐 동안 본 내용이 예습이나 복습이 될 수 있으며, 때로는 시험에 적중하기도 한다. 많은 학생들이 집에서 짬이 날 때면 텔레비전을 보거나 컴퓨터를 켠다. 어머니가 '밥 먹으라'고 불러도 '잠깐만' 하면서 늑장을 부리기 일쑤다.

어찌 보면 이런 시간이 별것 아닐 수도 있다. 하지만 그것이 계속 쌓여 나중에는 좁혀지지 않는 격차를 만들어낸다는 것이 문제다. 우등생을 만드는 것은 이처럼 사소한 시간 활용 습관의 차이에서 비롯된다.

물론 짧은 시간에 많은 것을 해내는 천재적인 사람들도 있다. 그러나 다행스럽게도 그런 천재는 극소수에 불과하다. 대부분은 투자한 시간과 노력에 따라 그 결과를 거두는 '보통 사람들'이다.

>> 공부는 주로 어디서 했습니까?

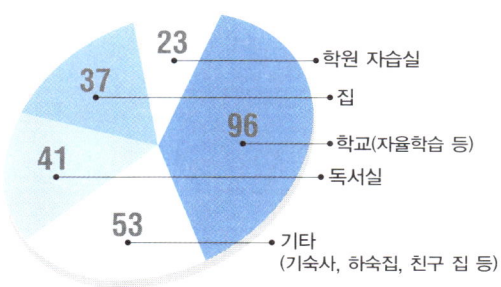

23 ●학원 자습실
37 ●집
96 ●학교(자율학습 등)
41 ●독서실
53 ●기타
(기숙사, 하숙집, 친구 집 등)

대학입시라는 좁은 문을 향해 노력하는 수험생들로서는 남보다 더 많은 시간과 노력을 들이기 위해 이런 자투리 시간을 활용하는 것이 필수적이다.

많은 사람들이 노력하는 가운데 남보다 앞서 가기 위해서는 다른 방법이 없다. 작은 것에서부터 승부를 걸지 않으면 안 된다. 쉬는 시간과 식사 시간 전후의 자투리 시간을 체크해 보자. 그 시간을 모두 합쳐보면 놀라지 않을 수 없다.

매일 매일 자투리 시간을 이용하다 보면, 오늘 하다가 그만둔 부분을 내일 쉽게 연결해서 이어갈 수 있다. '전에 어디까지 했더라' 하고 힘겹게 뒤지지 않아도, 마치 조금 전에 했던 것처럼 금세 찾아낼 수 있다. 이것이 자투리 시간을 활용하는 또 하나의 장점이다.

문제풀이는 실전보다 가혹하게

상위권 학생들은 문제풀이를 할 때 실전에 준하거나,
그보다 가혹한 조건을 만들어 스스로를 훈련시킨다.
평소의 가혹한 연습이 시험을 쉽게 해주기 때문이다.

이 남영 양(서울대)의 경우는 평소의 문제풀이 시간을 실제 시험 시간보다 짧게 잡았다. 예를 들어 정규 시험이 50분짜리라면 연습시험은 35분 만에 모두 마치는 식으로 목표를 세웠다.

"시험에서는 시간 관리가 중요하죠. 시험을 볼 때 시간을 잘못 배분하면 막판에 몇 문제를 찍어야 하는 경우도 생겨요. 시간에 쫓기면 좋은 점수 내기가 어려워요."

문제풀이는 시험 적응력을 키우는 데에도 보탬이 된다. 다양한 문제를 접하고 풀어봄으로써 실제 시험에서도 실력을 발휘할 수 있는 단초를 마련하게 되는 것이다.

모든 시험에는 패턴이 있다. 처음에는 쉬운 문제로 시작해 차츰 난이도가 높아지고, 막판에는 최고 난이도의 문제들이 몰리는 경우가 많다. 그러나 중간에 복병이 나타날 때도 간혹 있다.

이 양은 "중간에서 이상한 것이 튀어나오면 얼른 넘어가는 것이 좋다"고 귀띔한다. '이상한 것'이란 평소에 접해보지 못했던 낯선 스타일의 문제 유형을 뜻한다. 이런 문제를 풀려고 끙끙대다가는 뒷부분 문제들은 구경도 못 해볼 수 있다는 것이 그녀의 주장이다.

문제를 읽어본 뒤 바로 감이 잡히지 않는다면, 체크를 해놓고 미련 없이 다음 문제로 넘어가야 한다는 게 이 양의 문제풀이 요령이었다.

"한눈에 봐서 자신이 없는 문제라면 마지막으로 돌려야 해요. 다른 문제들을 풀고 나서 여유를 갖고 다시 보면, 방법을 찾아낼 때가 있거든요. 그런 여유 시간을 확보하기 위해서라도 쉬운 문제들부터 빨리 정리해야죠."

이 양은 평소 문제집을 풀 때 이와 같은 원칙을 적용했다. 국어나 영어의 경우, 지문이 길거나 시간이 걸리는 유형의 문제들은 뒤로 빼놓았다. 한눈에 답이 보이는 문제를 모두 정리한 뒤, 여유를 가지고 그 문제들을 다시 접했다. 답을 체크한 뒤에는 다시 한 번 검수를 하고, 정답이 애매한 것은 찍었다.

그 다음이 중요하다. 붉은 펜으로 채점을 하는데 틀린 문제에는 별표를 했다. 수학 문제는 다시 풀어서 또 틀릴 경우 별표 하나를 더 했다. 찍어서 맞혔더라도 별표를 했다. 알고 맞힌 것이 아니므로 오답으로 간주한 것이다.

이남영 양에게 "혼자 풀어보는 것인데 모르는 문제를 굳이 찍을 필요까지 있냐"고 물었다. 이 양은 예상 밖의 대답을 해주었다.

"찍는 것도 일종의 훈련이죠. 보기 중에서 정답에 가장 가까워 보이는 것을 고르는 거잖아요. 명확히 아는 건 아니지만 가장 비슷해 보이는 답을 찾을 줄 아는 것도 실력이죠. 공부 안 하고 찍는 거랑, 공부하고 찍는 것과는 차원이 달라요. 적중률에서 차이가 나거든요."

연습을 쉽게 해서는 실전에서 좋은 결과를 얻기 힘들다. 자신에게 후한 사람이 좋지 않은 결과를 내는 것과 같은 이유이다. 스스로에게 도전하는 것이 실력을 향상시킬 수 있는 유일한 방법이다. 쉬운 것에 안착하다 보면 나를 제대로 보지 못하고 자만에 빠질 수 있다.

상위권 학생들은 문제풀이를 할 때 실전에 준하거나, 그보다 가혹한 조건을 만들어 스스로를 훈련시킨다. 평소의 가혹한 연습이 시험을 쉽게 해주기 때문이다.

우등생들의 참고서 고르는 법

참고서를 선택할 경우, 가장 중요한 포인트는
그것을 끝까지 볼 수 있을 만한 매력이 있는지의 여부이다.

어느 시기를 막론하고, '공부의 바이블'은 교과서이다. 선생님의 강의를 잘 들으면서 교과서에 있는 내용을 충실히 따라가면 웬만한 시험 문제는 틀릴 이유가 없다. 하지만 수능시험이 날로 복합적인 사고를 요구함에 따라 참고서의 중요성도 커지고 있는 것이 사실이다. 명문대에 합격하는 우등생은 '다수가 틀리는 문제'를 맞힌 학생들이다.

우등생들은 참고서나 문제집을 어떤 기준으로 골랐을까. 그리고 참고서를 어떻게 활용했을까. 물론 참고서를 잘 골랐다고 해서 성적이 오르는 것은 아니다. 공부는 참고서가 아닌 학생이 하는 것이기 때문이다.

"현재의 수능 체제라면 참고서의 영향이 절대적이라고 생각합니

다. 전국 수석들의 공통된 멘트가 '교과서만 열심히 봤어요' 이런
식인데요, 저는 그런 말을 믿지 않아요. 그 말대로라면 진짜 전국
수석이 될 수 없어요. 지금 수능에서는 사고력보다. 문제 푸는 훈련
이 더 중요해졌어요. 그래서 참고서나 문제집이 중요한 거죠."

정현수 군(서울대)의 말이다. 정 군은 수학의 경우 세 권의 참고
서와 여덟 권의 문제집을 보았다고 한다. 괜찮다고 평가되는 거의
모든 출판사의 책을 섭렵한 경우이다.

황지연 양(연세대)은 "어떤 참고서를 고르느냐가 공부에 영향을
주는 것은 사실"이라고 말했다. 참고서가 공부를 더 하고 싶게 만
들기도 하고, 금방 질리게 하기도 한다는 설명이다.

그녀는 "정리가 잘 되어 있고 좋은 문제가 많이 출제된 참고서를
보고 나면 점수 향상으로 이어질 수 있다"면서 "선생님들이 추천
한 것들을 주로 봤다"고 응답했다.

스스로 선택할 경우 참고서를 고르는 첫번째 기준은 '개

>> 참고서의 선택이 성적에 영향을 준다고 생각합니까?

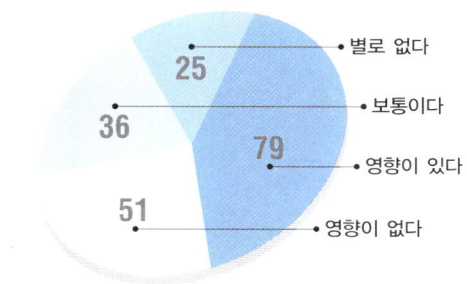

별로 없다 25
보통이다 36
영향이 있다 79
영향이 없다 51

념 정리가 잘되어 있는가'의 여부이다. 황 양은 "기본 개념을 짜임새 있게 설명해 주고, 그것을 바탕으로 교과서 외의 심화된 내용을 보여주는 책을 우선 골랐다"고 말했다. 이런 참고서는 나중에 종합 정리를 할 때 편하고, 수능 대비 심화학습에도 도움이 된다고 했다.

조사 결과, 의외로 '디자인'을 선택 기준으로 제시한 학생들도 많았다. 정현수 군은 "저는 책을 펴봐서 디자인과 색감, 글씨체가 마음에 드는 걸 주로 골라요. 딱 펴봤을 때 보고 싶다는 느낌이 들어야지 지겨워 보이면 안 보게 되니까요"라고 말한다.

서윤경 양(서울대)도 참고서 선택 기준으로 '재미있어 보이는 것, 눈길이 가는 것, 글씨가 너무 작지 않은 것, 컬러풀한 것, 남들이 많이 보는 것' 등을 꼽았다. 서 양은 다만 지나치게 요란한 모양의 참고서는 기피했다고 말했다.

'디자인이 중요하다'는 대목은 신세대가 '영상세대'라는 측면의 반영으로 보이기도 한다. 내용이 충실해도, 편집이 조악해서 보기 싫은 느낌이라면 공부하고 싶은 마음이 싹 달아난다는 것이다. 이런 이유 때문인지, 예전에 인기 있던 참고서들이 서점에서 외면을 당하는 현상이 두드러진다.

학생들은 그러나, 문제 바로 밑에 정답 풀이가 있는 참고서나 문제집은 피하는 것이 좋다고 지적했다. 정답을 곁눈질하는 유혹에 빠질 가능성이 높다는 이유에서다.

교육 시장의 열기가 달아오르면서 수많은 종류의 참고서들이 잇따라 출간되고 있다. 거의가 각 과목 전문가들이 정성을 들여 제작한 것들이다. 선배 학생들의 지적처럼 '개념 정리가 잘되어 있고, 싫증을 느끼지 않을 만한 것'으로 고르면 큰 무리는 없을 듯하다.

참고서를 선택할 경우, 가장 중요한 포인트는 그것을 끝까지 볼 수 있을 만한 '매력'이 있는지의 여부이다(중간에 포기하고 다른 것으로 바꾸는 경우가 있는데, 이런 행동이야말로 시간 낭비일 뿐이다. 자기에게 맞는 참고서가 따로 나와 있을 것이란 생각을 버리기 바란다).

따라서 중위권 이하 학생들은 '얇은 것'을 첫 기준으로 삼는 것이 낫겠다. 빠른 시간에 한 권을 다 볼 수 있어야 자신감을 얻을 수 있기 때문이다.

우등생들의 참고서 활용법

"자주 봐야 할 메인 참고서는 여러 번 반복해서 봐요. 그러면서 다른 참고서를 병행해 모자란 부분을 채우는 거죠. 대충 넘겨도 그런 부분은 한눈에 들어와요. 이게 남들보다 빨리 보는 능력인데, 기본이 되어 있기 때문에 가능한 겁니다."

박 진아 양(서울대)은 "시중에 나온 인기 참고서의 80퍼센트 정도는 봐야 한다"며 "공부 잘하는 주변 애들도 거의 그랬던 것 같다"고 말했다. 서윤경 양도 "참고서를 한 가지만 보는 것은 좋지 않다"면서 "주요 과목의 경우 세 권 이상의 참고서를 두루 보면서 각각의 참고서가 갖고 있는 개념을 서로 보완해 공부했다"고 말한다.

상당수의 우등생들이 "주요 과목은 시중에 나와 있는 문제집을 거의 다 풀었다"면서 "참고서와 문제집을 두루 보는 것이 예상 문제를 추리는 데 많은 도움이 되었다"고 지적했다.

학생들이 여러 권의 참고서를 보아야 한다고 주장하는 가장 큰 이유는 다양한 출제 의도를 미리 경험하면서 사고의 폭을 넓힐 수 있다는 점 때문이다.

박진아 양은 "비슷한 유형의 문제라도 출제 의도가 각각 다를 수 있는데, 이런 의도가 어떻게 나타나는지 여러 번 접해보고, 다양한 방향으로 생각해 보는 것이 수능에서 난이도 높은 문제에 대한 적응력을 높여준다"고 이야기한다.

상위권 학생들은 이처럼 많은 참고서와 문제집을 통해 지식을 습득하고 점검한다. 그러나 중위권 학생이라면, 처음에는 이런 패턴을 따라하지 않는 것이 좋다.

상위권 학생의 경우에는 참고서를 보거나 문제를 푸는 속도가 워낙 빠르다. 그 원인은 '기본기'와 '발췌 능력'에 있다.

'기본기'라는 것은 한 가지 참고서를 여러 차례에 걸쳐 반복 학습함으로써 기본을 다졌다는 의미이다. 기본이 만들어진 후에 다른 참고서나 문제집으로 옮겨가는데, 이해하고 있는 부분이 많아 보는 속도가 빠를 수밖에 없다. 또 '발췌 능력'이란 참고서와 문제집에서 자신에게 필요한 부분만을 신속히 뽑아내는 것을 뜻한다.

"자주 봐야 할 메인 참고서는 여러 번 반복해서 과요. 그러면서 다른 참고서를 병행해 모자란 부분을 채우는 거죠. 대충 넘기면서 봐도 그런 부분은 한눈에 들어와요. 이게 남들보다 빨리 보는 능력인데, 기본이 되어 있기 때문에 가능한 겁니다."

박진아 양은 상위권에서 최상위권으로 올라갈수록 이와 같은 발췌 능력이 계발된다고 말한다. 책을 잡으면 목차부터 살펴본 다음 관심 있는 대목만 찾아내어 읽는 경우도 많다.

문제집을 풀 때도 이와 같은 양상이 반복된다. 여러 문제집을 반복해서 풀다보면 문제가 몇 가지 유형으로 분류된다.

'뻔한 문제'와 '여러 번 풀어본 문제', '처음 보는 문제' 등 세 가지로 나뉜다. 우등생들은 보통 처음 보는 문제만을 뽑아서 풀어 보고, 여유가 있을 경우에는 여러 번 풀어본 문제 유형에 손을 대기도 한다.

최상위권 우등생이 된다는 것은 '처음 보는 문제가 줄어든다'는 의미이다. 박진아 양의 경우 고3 시절, 난이도가 높은 문제만을 골라서 풀었는데 나중에는 실제로 푸는 문제가 문제집 한 권 당 서른 개 안팎으로 줄었다.

우등생들이 여러 참고서를 섭렵하는 다른 이유는 '지겹기 때문'이기도 하다. 한 가지만을 여러 번에 걸쳐 반복 학습하다 보니 지겨울 때가 있다는 것이다. 편집과 디자인이 다른 참고서와 문제집을 말 그대로 '참고삼아' 보게 되면 그나마 덜 지겹다는 설명이다.

아는 것이 많아지면 공부가 즐거워진다. 반복 학습을 통해 익힌 내용을 다른 참고서에서 색다르게 서술하면 흥미가 유발된다. 이런 태도는 처음 보는 것을 발견했을 때, 강한 호기심으로 이어지고, 그러다보면 호기심을 해소하기 위해 이것저것 찾아보는 습관을 붙이게 된다.

나만의 참고서 만들기

"국영수 과목은 참고서 하나로 정리하는 것이 쉽지 않아요. 위낙 많고 다양한 내용을 봐야 하니까요. 그렇지만 기타 과목들, 특히 암기과목은 참고서 하나로 내용을 종합해 학습 효과를 높였어요."

박세영 양(서울대)은 '참고서 한데 모으기'에 치중하는 스타일이었다. 박 양은 주요 과목의 경우 서너 개의 참고서를 가지고 있었다.

"우선 참고서 중에서 제 맘에 드는 것 하나를 골라서 그 책을 중심으로 공부해요. 다른 참고서를 슬슬 읽다보면, 메인 참고서에선 다루지 않은 내용이 나오기도 하는데요, 그런 것들을 따로 참고서 귀퉁이 빈 곳에 작은 글씨로 정리하는 거죠. 정리하는 것만으로도 공부가 돼요. 시험 때는 그 참고서만 죽 훑어보면 간단하게 대비가 되니까요."

다른 참고서에 쓸 만한 부분이 많은 경우에는 복사해서 오려 붙였다. 그렇게 스스로 만든 자습서들이 입시까지 공부의 동반자가 되었다고 박 양은 말한다.

"국영수 과목은 참고서 하나로 모으는 것이 쉽지 않아요. 워낙 많고 다양한 내용을 봐야 하니까요. 그렇지만 기타 과목들, 특히 암기과목은 참고서 하나로 내용을 종합해 학습 효과를 높였어요."

박세영 양은 그렇게 만든 '나만의 자습서' 덕을 톡톡히 봤다. 다른 친구들이 수능시험을 앞두고 최종 정리를 한다면서 여러 권의 책을 뒤적일 때, 박 양은 참고서를 한 권씩 훑어보면서 간단하게 정리할 수 있었다.

"수능이 며칠 안 남았는데 어쩔 수 없잖아요. 모르는 것을 발견해서 공부하기보다는 그동안 정리했던 내용을 되짚어보는 수밖에요. 자칫 잘못하면 페이스를 잃고 시험을 망치게 되거든요."

박재곤 군(고려대)은 '교과서 메모법'을 활용한 경우이다.

"수업시간에 선생님이 설명하면 노트에 열심히 받아 적는 애들이 많은데, 그럴 필요가 없어요. 대개는 교과서에 나오는 내용들이거든요. 설명을 들으면서 교과서를 보고, 책에 안 나오는 설명만 골라서 교과서 빈 곳에 메모하면 되죠. 책을 신주단지처럼 깨끗하게 보는 애들도 있어요. 평생 두고 볼 것도 아닌데, 왜 그렇게 아끼는지 모르겠어요."

명문대에 합격한 학생들에게는 이처럼 저마다의 특별한 공부 스타일이 있었다. 그 학생들을 대상으로 '그런 스타일을 어떻게 습관으로 만들었느냐'고 질문해 보았다. 그랬더니 두 가지 유형의 답변이 나왔다.

하나는 '잘 모르겠다'는 것이었다. '그냥 공부를 하면서 이렇게도 해보고 저렇게도 해보면서 스타일이 굳어졌다'는 응답이다. 이런 유형의 답은 '초등학교 때부터 줄곧 공부를 잘했다'는 학생들에게서 두드러졌다. 공부하면서 자기 스타일을 만들었다는 쪽으로 볼 수 있겠다.

그러나 심층 면접을 통해 일부 학생들을 조사한 결과, 외부의 영향이 상당히 작용했음을 파악할 수 있었다. 박세영 양은 "눈이 나빠서 맨 앞줄에 앉아 있었는데, 선생님의 교재를 보니까 귀퉁이에 깨알처럼 메모가 돼 있어서 그걸 흉내냈다"고 이야기했다.

다른 한 가지 유형은 '남의 공부 스타일을 모방했다'는 것이었다. 형이나 언니 혹은 친구가 공부하는 모습을 보고 따라하다가 자기 스타일로 굳어졌다는 말이다.

공부를 하고 싶은 의욕이 생겼다면, 주변에서 '따라하기 대상'을 먼저 찾아보는 것이 좋겠다. 따라하다보면 처음의 막막함에서 벗어날 수 있고, 시행착오를 거쳐 결국에는 '나만의 공부 스타일'을 완성하게 된다.

나만의 공부 스타일이 생긴다는 것은 우등생 대열에 진입했다는 신호이기도 하다.

시험 범위가 아니어도
공부하는 이유

"아냐. 시험이 거의 그래. 만점이 많이 나오지 않게 하려고
일부러 배우지 않은 문제를 섞어서 내는 거야."

최 지홍 군(고려대)은 중학교 3학년 때부터 마음을 먹고 공부를 하기 시작했다. 그래서 1학기 기말고사를 앞두고 반에서 1등 하던 친구를 몰래 훔쳐보았다. 그 친구가 마지막으로 무엇을 중점으로 정리하는지 보고 싶어서였다.

그런데 그 친구가 훑어보던 부분은 시험 범위가 아니었다. 아직 배우지 않은 내용이었다. 최 군은 이상하게 생각했지만 무심코 지나쳤다.

모처럼 공부를 제대로 하고 본 시험이어서 기대가 컸다. 영어 시험을 봤는데 이상한 문제가 하나 있었다. 수업시간에 배우지 않은 내용이 분명했다.

1등 친구에게 정답을 물어보았다. 확인해 보니까 역시 시험 범

위 밖에서 출제된 문제였다. "선생님이 출제하면서 실수한 것 아니냐"고 했더니, 그 친구가 이렇게 대답했다.

"아냐. 시험이 거의 그래. 만점이 많이 나오지 않게 하려고 일부러 배우지 않은 문제를 섞어서 내는 거야."

최 군은 그때서야 1등 친구가 시험 범위가 아닌 단원까지 공부하는 이유를 알 수 있었다.

공부를 잘한다는 것은, 평상시의 관리를 통해 여유를 확보하는 일이다.

지인경 양(서울대)은 "학교 수업만 충실하게 들어도 95퍼센트 이상은 먹고 들어가지만 나머지 5퍼센트가 문제"라고 말한다. 그 5퍼센트 정도가 이른바 '변별력'을 위한 문제라는 판단이다.

"그 문제에서는 한마디로 약이 없어요. 스스로 공부하면서 찾아내야 해요. 공부를 하다보면 '감'이 느껴지는 부분이 가끔 있는데, 그런 것이 시험에 출제되면 반갑죠. 난이도가 높은 것은 공부 잘하는 애들만 정답을 맞힐 수 있어요. 중요한 건 '감'이에요. 시험 범위 밖에서 문제가 나오는 것도 마찬가지죠. 모든 가능성에 대비를 해둬야 해요."

'감'을 잡는 능력은 공부를 하면서 향상된다.

중위권 학생들은 '에이! 이런 것까지 시험에 나오겠어' 하면서 무시한다. 반면 우등생들은 1퍼센트의 가능성도 놓치지 않는다. 그런 감을 얻기 위해 참고서 구석구석까지 훑고, 시험 범위가 아닌 부분도 살펴본다.

앞서 언급한 대로, 수업시간에 잘 듣고 복습만 충실히 한다면 상위권에 드는 것이 어렵지 않다. 그러나 최상위권에 들기 위해서는 그 이상의 노력이 필요하다. 소위 명문대 일부 인기학과는 전국 최상위권에 들어야만 갈 수 있다. 교내 경쟁이 아니라 전국 차원의 경쟁인 셈이다.

평소에 공부를 하는 여유는 예습을 통해 '만점 방지용 고난이도 문제'까지 미리 챙기는 또다른 여유를 불러온다. 우등생들간의 경쟁은 아주 작은 차이로 인해 승부가 갈리는 경우가 많다. 최상위권으로 갈수록 그런 경향은 더욱 두드러진다.

출제자와 대화한다

모든 문제풀이는 상대편, 즉 출제자의 입장에 접근해
그 관점에서 해석하는 것이 가장 좋은 공략법이다.

공부를 한다는 것은 나를 계발하며 끊임없이 점검해 가는 과정이다. 자신의 실력을 측정하는 가장 좋은 방법은 문제를 풀어보는 것이다. 실전문제를 풀어봄으로써 온전하게(학문에서 '완전하게' 라는 표현은 있을 수 없다) 이해했는지, 아니면 부족한지 체크할 수 있게 된다. 부족한 부분을 보충해 나가는 것이 실력 향상으로 가는 지름길이다.

우등생들은 문제의 중심 단어만 봐도 그것이 어느 단원에서 출제된 것인지 바로 파악할 수 있다. 통합형 문제가 나오는 경우에는 어떤 단원과 어떤 단원의 부분을 결합한 것인지 감으로 잡아낸다. 최상위 단계에 이르면 보기만 해도 정답을 아는 수준에 이른다.

정직한 문제도 있지만 함정을 파놓은 문제들도 간혹 있다. 일부 중위권 학생들의 경우, 명백히 아는 내용인데도 함정에 걸려 정답을 놓치는 경우가 많다. 최상위권으로 진입하기 위해서는 이런 실수를 단 하나라도 용납해서는 안 된다.

나름대로 열심히 공부를 하는데도 점수가 나오지 않아 고심하는 학생들이 있다. 이런 학생들 가운데 일부는 문제 적응력이 떨어지는 경우이다. 간단한 문제는 잘 푸는데, 약간 변형된 응용문제를 접하면 가슴이 울렁거린다는 것이다.

하정란 양(서울대)도 그런 부류였다. 수학에서 긴 문제 내용을 읽다가 숨이 막히는 것처럼 답답함을 느끼는 경우가 많았다는 것이다. 그래서인지 응용문제만 보면 겁이 났고 기피했으며, 어떻게 풀어야 할지 막막하기만 했다.

하 양의 학교에 신출귀몰하는 수학 선생님이 한 분 계셨다. 선생님에게는 쉬는 시간이나, 점심시간이 따로 없었다. 이 괴짜 선생님은 종종 교실 뒷문에서 갑자기 나타나 '모르는 거 있으면 물어보라'고 했다. 하 양은 그때마다 문제집에서 막힌 것들을 추려 질문을 했다.

어느 날, 점심시간 때 선생님께 설명을 부탁드렸더니 "수업 끝난 뒤에 교무실로 오라"고 했다.

"너는 매번 물어보는 문제 유형이 똑같더라. 문제를 잘 읽지 않으니까 그런 거다. 수학도 일종의 독해야. 질문을 제대로 풀어내지 못하니까 응용문제에 자신이 없는 거다."

"다른 문제들은 안 그렇던데요? 왜 응용문제만 이렇게 약하죠?"

"잘 봐라. 이 문제도 그런데, 질문에 답이 있잖아. 조건이 이렇게 또 이렇게 주어지면 여기 적용할 공식이 딱 나오고 순서도 정해지는데, 왜 이걸 이해 못 한다는 거냐? 사람 심리라는 게 다 그렇다. 사고를 요하는 문제는 어쩐지 어려울 것 같거든. 출제자도 사람이니까 미안할 수밖에 없지 않겠어? 미안해서 문제의 조건 같은 걸 친절하게 설명해 주는 거다. 수능 출제위원들도 그렇지. 정답을 맞히는 학생들이 거의 없으면 어떡하겠어? 엄청 욕먹을 거 아니냐. 그래서 이런 문제를 낼 때는 그만큼 친절하게 설명해 주는 거야."

"그래도 문제가 무슨 말인지 통 모르겠어요."

"그럼 이렇게 해봐라. 다른 애들한테도 권한 방법인데……."

선생님은 막히는 수학 문제를 접하면 '자기 대화법'을 활용하라고 권했다.

가장 먼저 '나에게 묻고 싶은 게 도대체 뭐냐'는 질문의 답을 찾아내는 것이다. 다시 말해 마음속으로 스스로에게 물어보라는 말이다.

다음은 문제를 읽으면서 그것을 하나씩 찾아내며 질문과 답을 반복하는 것이었다. 그러면서 문제지 귀퉁이에 질문의 조건과 식, 미지수 같은 것을 하나씩 적으면서 '도대체 묻는 것이 무엇인지' 정리해 나가는 방식이었다.

하 양은 선생님이 가르쳐준 대로 응용문제를 풀어가면서 중요한 포인트 하나를 깨우쳤다. 문제를 풀 때 '내가 무엇을 알고 있기를 바라는 걸까' 하는 관점으로 문제에 접근하는 것이었다.

이같은 방식은 주효했다. 응용문제에 대한 두려움이 서서히 가셨고, 급기야는 문제집을 사서 응용문제만 골라 풀었다. 자기 자신과 대화하는 방법으로 문제를 풀면서 공부에 재미가 붙기 시작한 것이다.

공부는 '학생과 학문 간의 대화'이다. 학생들은 교과서와 참고서를 통해 학문과 대화를 나누는 것이다. 이런 공부가 어렵게 느껴지는 것은 일상 대화에서 사용하지 않는 낯선 용어를 사용하기 때문이다. 따라서 공부의 과정은 '지식 습득과 함께 해석 능력을 계발하는 코스'라고 볼 수 있다.

문제를 푸는 것도 출제자와 대화를 나누는 과정의 일부이다. 대화를 잘하려면 어떻게 해야 할까.

그것은 상대방의 입장이 되어 생각하는 것이다. 상대방이 어떤 의도를 갖고 있는지 파악하면 대화가 수월하게 풀린다. 일상생활을 떠올려보라.

결국 모든 문제 풀이는 상대편, 즉 출제자의 입장에 접근해 그 관점에서 해석하는 것이 가장 좋은 공략법이다. 즉, 자기 자신과의 대화를 통해 자연스럽게 접근해 갈 수 있다.

하정란 양의 경우 수학 선생님께 배운 '자기 대화법'을 활용한 결과, 모의고사에서 만점을 받을 수 있었다. 이렇게 수학 공부가 어느 정도 궤도에 오른 뒤에는 더 이상 자습을 할 필요가 없어졌다. 게다가 친구들이 골라오는 고난이도 문제를 풀고 설명해 주면서 실력이 더욱 다져졌다.

공부는 사회생활에서의 대화 능력과도 밀접한 관련이 있다. 대화 능력은 무슨 일을 하든 중요하며, 대화가 인간관계를 결정짓는다고 해도 과언이 아니다.

대화를 잘하는 사람들의 첫번째 특징은 남의 말을 귀 기울여 듣는다는 점이다. 이것은 공부의 첫번째 원칙과 동일하다. 선생님의 강의를 잘 듣고 교과서와 참고서의 내용을 잘 파악하는 것이 좋은 성적을 내기 위한 핵심이다.

대화를 잘하는 사람들의 두 번째 특징은, 남의 입장에서 생각할 줄 안다는 것이다. 자기 입장만 고집하는 사람은 항상 협상에서 실패를 거듭한다. 남을 배려할 줄 모르기 때문이다. 공부에서 어려운 문제를 푸는 원칙도 이와 마찬가지이다.

일상생활에서처럼 대화를 나누듯 자연스러운 방식으로 학습에 접근한다면 어려운 과목에서도 기대 이상의 성과를 얻을 수 있다.

내신 공부와
수능 공부는 하나다

공부는 저축과도 같다. 평상시 한 푼 두 푼 모아두었던 것이
나중에 목돈이 되는 것처럼, 수업과 내신을 통해
하나둘 모인 지식(기본개념)이 수능 고득점으로 연결된다.

상당수 학생들이 '수능 공부는 내신 공부와 별개의 것'이라고
생각하는 경향이 있다. 어느 정도 실력이 있다는 중상위권
이상의 학생들에게 특히 이런 믿음이 강하다. 내신 성적은 당일치
기 공부로도 충분하다는 생각이다. 더구나 일부 학교의 경우 학생
들의 내신을 좋게 해주기 위해 중간고사와 기말고사 문제를 쉽게
출제하는 경향도 없지 않다.

그 때문인지 수업시간을 등한시하는 학생들이 있다. 수업시간에
다른 과목을 공부하거나 잠을 자기도 한다. 이런 학생들은 공부는
학원에서 하는 것이라고 믿으며, 학교 수업에는 별로 관심이 없다.

학생들의 이와 같은 행동에는 '시험 유형이 다르니까 내신과 수
능은 다르다'는 판단이 깔려 있다. 내신은 각 과목별로 시험을 보

는 반면 수능은 그런 과목들이 영역별로 엮어서 나온다.

그렇기 때문에 공부를 따로 해야 한다는 주장이다. 평소에는 국영수 같은 주요 과목만 공부하다가 나머지 과목은 중간고사나 기말고사 때 당일치기로 해서 내신만 적당히 따놓으면 된다는 것이다.

권선정 양(이화여대)은 선배들의 충고를 듣고 '내신 따로, 수능 따로' 식으로 공부를 했다가 고통을 겪은 경우이다. 권 양이 고등학교에 들어갔을 때, 동아리 선배들이 이렇게 말했다.

"내신은 걱정할 것 없어. 벼락치기 하면 되니까. 어차피 열심히 해봐야 수능에는 그대로 나오지도 않아. 그러니까 국영수만 집중적으로 파면 돼. 암기과목이야 3학년 여름방학 때 죽 훑어보면 되는데 뭘."

권 양은 그런 선배들의 말을 그대로 믿고 따랐다. 국영수 과목은 수업을 잘 들었지만 암기과목 수업시간에는 영어 독해를 하거나 수학 문제를 풀었다. 선생님의 눈치를 살피면서 하는 것이어서 큰 도움은 되지 않았지만, 그렇게 해서라도 국영수 과목을 확실히 해놓고 싶었다.

암기과목은 시험 일주일 전부터 계획을 세워 공부했다. 두어 번 보고 문제집을 풀고 나니 그다지 어려울 것이 없었다.

그런데 3학년 여름방학 때 문제가 생겼다. '이제부터 시작해야지' 하고 암기과목 교과서와 참고서를 쌓아놓고 보니 엄두가 나지 않았다. 전에 외웠던 것들이 기억 속에서 가물가물했고, 자신감은 어디론가 사라진 듯했다.

예전의 중간고사나 기말고사 때는 한두 번 읽은 것으로 충분했던 내용들이었다. 그런데도 좀처럼 외워지지 않았다.

마침내 암기과목이 그녀의 발목을 잡았다. 별것 아니라고 여겼던 사회탐구 영역에서 점수를 생각보다 많이 잃은 것이었다. 특히 암기과목들이 서로 섞여 출제된 통합형 문제의 경우에는 아무리 생각해도 정답을 알 수 없었다.

암기과목은 흔히 '점수를 따기 가장 좋은 과목들'로 꼽힌다. 우등생들은 이런 과목에서 '몇 문제 맞혔느냐'로 셈하지 않는다. '몇 문제 틀렸느냐'를 넘어 '단 하나도 틀리지 않았다' 정도가 되어야 대한민국 1퍼센트 범위 안에 들 수 있다.

내신 공부와 수능 공부가 다르다고 생각하는 것은 잘못된 판단이다. 벼락치기로 공부한 내용은 시험이 끝나면 기억에서 곧바로

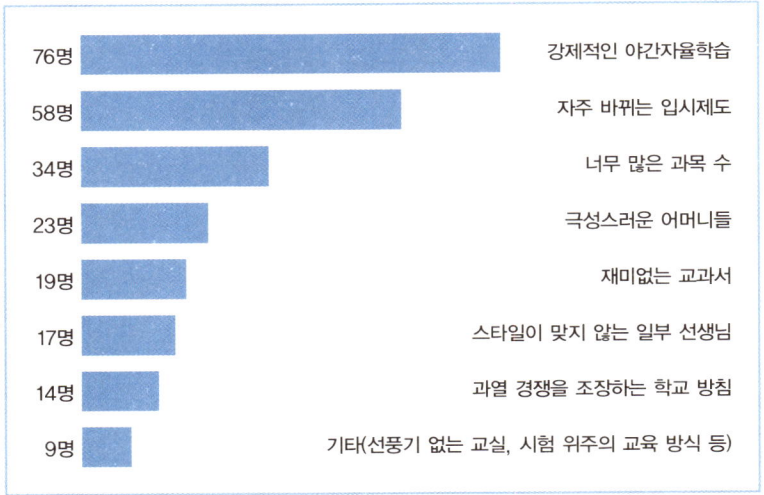

>> 고교 시절, 가장 싫었던 것은 무엇이었습니까?

76명	강제적인 야간자율학습
58명	자주 바뀌는 입시제도
34명	너무 많은 과목 수
23명	극성스러운 어머니들
19명	재미없는 교과서
17명	스타일이 맞지 않는 일부 선생님
14명	과열 경쟁을 조장하는 학교 방침
9명	기타(선풍기 없는 교실, 시험 위주의 교육 방식 등)

사라진다. 단기 기억에 그치기 때문이다. 그러나 상위권 학생들은 이와 같은 단기 기억을 장기 기억으로 변화시켜 머릿속에 저장한 경우이다.

주변의 우등생들이 '내신 공부는 별것 아니고, 암기과목은 수능 앞두고 한 번만 보면 된다'고 이야기한다면, 그것을 액면 그대로 믿어서는 안 된다.

그런 학생들은 둘 중 하나이다. 하나는 자신감을 표출하는 것(으스대는 스타일이거나 친구들을 기만하는 경우도 있다)이고, 다른 하나는 평소에 부담 없이 암기과목을 공부해 놓았기 때문이다.

수능 스타일은, 확실히 학교에서 듣는 각 과목의 강의와 다른 부분이 있다. 그럼에도 모든 수능 문제는 학교에서 배운 내용에서 크게 벗어나지 않는다. 수업시간에 배운 내용을 합치거나 응용했을 뿐이다.

해가 갈수록 수능시험에서 과목 통합형 문제 출제가 늘어나는 추세이다. 단순 암기식으로는 높은 점수를 받을 수 없다. 공식이나 개념이 나오게 된 과정을 정확히 이해하고 사고해야 한다. 사고력은 '받아먹기 식 공부'가 아닌 '스스로 공부'를 통해 길러진다.

공부는 저축과도 같다. 평상시 한 푼 두 푼 모아두었던 것이 나중에 목돈이 되는 것처럼, 수업과 내신을 통해 하나둘 모인 지식(기본개념)이 수능 고득점으로 연결된다.

사전과 정답풀이를 멀리 하라

언어라는 것은 사전으로 공부하는 것이 아니다. 본문을 읽어가며 감을 잡고, 뒤늦게 단어의 뜻을 확실히 알게 되는 과정을 밟는다.

영어 실력이 처지는 학생들에게는 공통점이 있다. 시험 문제 (영어 지문)에 모르는 단어가 나오면 바짝 긴장을 하는 탓에 문제 풀 의욕을 상실하는 것이다.

이런 스타일의 학생들은 평소에 공부를 할 때도 마찬가지이다. 모르는 단어가 불쑥 튀어나올 때마다 반사적으로 영한사전에 손을 댄다. 그런 학생들은 사전에서 그 단어의 뜻을 파악한 이후에야 다시 독해를 할 수 있다. 사전에 대한 의존성이 지나치게 높은 경우이다.

영어를 공부하다 보면 답답할 때가 많다. 막히는 부분을 사전에서 찾아보아도 무슨 소리인지 알 수 없을 때가 종종 있다. 특히 관용구가 그렇다. 영어 단어가 구(句)를 이뤄 다른 뜻으로 사용되는 경우가 있기 때문이다. 사전을 뒤적이다 보면 읽었던 앞부분을 까먹게 되고, 그러다보니 읽었던 부분을 또다시 읽어야 한다. 그런 공부 패턴이 반복되다 보면 영어는 점점 더 어려워질 수밖에 없다.

영어 점수가 좋았던 우등생들은 "영어 공부 습관이 시험 성적을 좌우한다"고 말한다. 유성연 양(서울대)은 "걸핏하면 사전을 들추는 버릇에서 벗어나야 영어 공부의 길이 열린다"고 이야기한다.

사전 없이 영어 공부를 하라는 말이 아니다. 공브를 할 때 가급적이면 사전 찾기를 뒤로 미루라는 뜻이다.

"우리가 한글로 된 소설을 볼 때, 모르는 단어가 나온다고 해서 바로 국어사전을 찾아보는 건 아니잖아요. 낯선 단어가 나오면 문맥을 보고 무슨 뜻인지 대강 알 수 있으니까요. 영어도 마찬가지에요. 앞뒤 맥락을 보면서 모르는 단어의 뜻을 유추할 수 있어요."

유 양은 영어 지문을 모두 읽어본 뒤에야 사전을 찾는 것이 좋다고 말한다. 자신이 유추해 냈던 뜻과 실제 뜻이 갖는지 확인하기 위해서이다. 어렴풋하게라도 맞춘 경우가 늘어난다면 '영어 고수'의 수준으로 가고 있는 것이다.

영어 공부를 하면서 수시로 사전을 찾는 습관은 실력 향상에 장애가 된다. 단어의 뜻에 집착해 큰 흐름을 놓치기 때문이다. 이와 같은 학습을 반복하다 보면 문맥 파악 능력이 계발되지 않고, 그 결과 모르는 단어 하나에도 허둥거리게 된다.

사전 없이 독해를 시도해 보자. 한 번 훑고 또 한 번 읽어보자. 모르는 단어가 눈에 거슬려도 어렴풋하게 의미를 깨달을 수 있을 것이다. 모르는 단어가 너무 많아서 도무지 종잡을 수 없다면, 그보다 낮은 수준의 독해부터 시작해야 한다. 너무 어려운 내용이거나 재미가 없는 딱딱한 내용은 영어 공부에 도움이 되지 않는다. 쉬운 것을 찾아서 자주 보면 어휘력이 늘 뿐만 아니라, 영문 독해에 대한 두려움이나 망설임을 없앨 수 있다.

수학의 경우, 우등생과 중위권 이하 학생들은 문제풀이 습성부터가 다르다. 중위권 학생들은 문제를 풀 때 막히는 부분이 있으면 바로 정답풀이를 찾아본다. 풀이를 보며 원리를 이해하려는 의도에서다. 이렇게 하면 시간이 절약되는 것은 사실이다. 그러나 머릿속에 남는 것이 없다.

반면 상위권 학생들은 스스로의 수완으로 문제를 푼다. 그 다음에 정답을 체크하고, 원리를 따져본다. 이러한 공부법은 시간이 더 오래 걸릴 수도 있다. 그러나 이렇게 한 공부가 더욱 튼튼한 기초를 다져준다.

이종수 군(서울대)은 "어떤 수학 문제는 30분 동안 끙끙대도 풀지 못하는 경우가 있었는데, 이럴 때에도 성급하게 정답풀이를 넘겨보지 않았다"고 말한다. 이렇게도 풀어보고 저렇게도 풀어보면서 온갖 방법을 동원해 스스로 풀 수 있을 때까지 노력해 보는 것이다.

이 군은 그런 노력에도 불구하고 실패했을 경우에 한해 정답풀이를 봤다. 그러나 막히는 부분만 힐끔 확인하고 이내 답지를 덮었다. 힌트만 얻고 풀이는 직접 해야 한다는 생각에서였다.

우등생들의 이런 습관은 사실, 공부의 정석이다. 언어라는 것은 사전으로 공부하는 것이 아니다. 본문을 읽어가며 감을 잡고, 뒤늦게 단어의 뜻을 확실히 알게 되는 과정을 밟는다. 수학 문제 역시 정답지를 읽는 것으로 공부가 완성되지 않는다. 스스로 풀어보는 수고를 아끼지 말아야 한다.

영어 독해,
문제부터 보는 것이 요령

영어 독해를 할 때는 문제부터 읽어야 한다. 지문을 먼저 읽으면 무엇이 핵심인지
알 수 없을 뿐 아니라, 문제를 읽은 후에 지문을 또다시 읽어야 하므로 그만큼
시간 낭비이다. 문제의 의도를 파악하고 읽을 경우 본문에 대한 이해가 빨라진다.

영어 시험에서 점차 독해 능력이 강조되고 있다. 영어를 부담
스러워 하는 학생들이 가장 곤혹스럽다고 하는 부분이 바로
영어 독해이다.

곽석영 군(서울대)은 중학교 때까지는 영어에 자신이 있었지만
고등학교에 진학한 이후 좌절을 경험했다. 영어 시험이 갑자기 어
려워졌기 때문이다. 곽 군은 외국어고등학교에 들어갔는데 모의고
사 문제가 갑자기 너무 어렵게 나오는 바람에 한때 자신감을 잃은
적도 있었다고 말했다.

고교 진학 후 처음으로 본 모의고사가 그랬다. 상당히 긴 영어
지문이 시험에 출제되었다. 열심히 읽고 해석을 했더니, 그 밑에
달려 있는 문제는 고작 두어 개였다. 문제들 대부분이 그 글의 주

제를 묻거나 틀린(혹은 맞는) 서술을 고르는 형식으로, 독해 실력이 없으면 맞추기 어려운 문제들이었다.

허탈감을 느낄 틈도 없었다. 그런 유형의 문제가 줄줄이 나오는 통에 이미 기가 질려 있었다. 시간이 모자라 영어 시험을 망친 것은 그때가 처음이었다.

충격을 받은 곽 군은 영어 공부 방법을 달리했다 매일 문제집에서 지문 10개씩을 뽑아 해석했다. 문제집 두 권을 끝내고 나니 독해 속도가 확연히 빨라졌다. 그렇지만 영어 시험이 노력에 비해 수월해지지는 않았다. 여전히 시간이 빠듯했다. 정답을 체크하고 다시 한 번 훑어볼 여유가 없었다.

곽 군은 난이도가 높은 문제집을 사다가 풀기 시작했다. 지문이 길고, 주제를 잡아내기 어려운 내용이 많았다. 그러다보니 갈수록 영어 공부가 더욱 어렵게만 느껴졌다.

그런데 그 문제집을 반 정도 풀었을 때, 불현듯 떠오르는 아이디어가 있었다.

'문제가 지문의 내용을 묻는 거니까, 문제랑 보기를 먼저 보면 지문의 내용을 얼추 알 수 있지 않겠어? 어차피 보기에 정답이 있을 테니까. 문제와 보기를 먼저 본 다음에 지문을 보면서 찾아내면 되는 거 아냐?'

시험삼아 그렇게 해보기로 했다. 문제를 먼저 본 다음, 지문으로 올라가 독해를 해보았다. 문제는 본문에 대한 틀린 서술을 찾아내는 것이었다. 보기를 확인하면서 지문을 보았더니 금세 정답을 찾을 수 있었다.

또다른 문제를 풀어보았다. 전에 비해 시간이 절반밖에 걸리지 않는 듯했다. 곽 군은 자신도 모르는 사이에 손뼉을 치면서 자리에서 일어났다. 날아갈 것 같은 기분이었다. 그리고 다음 모의고사에서 곽 군은 영어 과목 만점을 받았다.

곽석영 군은 이처럼 영어 독해 능력을 강화하는 과정에서 나름의 비결을 찾아냈다.

"요즘 고1 애들 영어 과외를 맡고 있는데요, 그 애들한테도 그런 방법을 알려줬더니 효과가 금방 나타났어요. 영어 시험에서 독해는 문제와 보기를 먼저 봐야 합니다. 그러면 원문이 어떤 내용인지 대충 감을 잡을 수 있어요. 그 문제에 해당하는 부분만 죽 한번 훑고 정답을 체크하면 되니까요. 이건 예외가 없어요."

영어 독해에서 지문부터 읽으면 무엇에 집중해서 읽어야 할지 모르고 읽게 된다. 그 다음에 문제를 접하면 그 내용을 알아보기 위해 다시 지문을 봐야 하므로 그만큼 시간낭비이다. 그러나 문제를 미리 생각하면서 읽을 경우, 본문에 함축된 의미에 더욱 관심을 갖고 읽어 내려갈 수 있다.

또 하나, 눈으로만 지문을 읽는 것은 좋은 방법이 아니다. 연필을 들고 지문을 읽으면서 밑줄을 치거나 시험지의 여백에 메모를 남기는 것이 훨씬 효과적이다. 본문을 읽으면서 주제나 결론, 혹은 저자의 의도나 포인트가 나와 있는 부분을 발견할 때는 밑줄을 치고 나름대로 요약을 해본다. 특히 주제 부분임을 알려주는 어구가 있으니 주의해서 보아야 한다. 대개는 'all in all, finally, in conclusion, in short, so, therefore, thus' 같은 단어가 나온다.

문장의 일부분이 이해되지 않거나 모르는 단어가 나온다고 지레 겁을 먹을 필요는 없다. 막히더라도 여백에 물음표를 남기고 계속 읽어보아야 한다. 때로는 뒷부분을 읽음으로써 앞에서 몰랐던 부분을 유추해 볼 수도 있다.

영어 공부에서 하나 더 지적하자면, 최세형 군(서울대)은 "영어를 공부할 때 직역(直譯)하는 습관을 들이면 영어가 쉬워지지 않는다"고 말한다.

상당수의 학생들이 한 문장을 읽고, 우리말로 번역하는 습관을 가지고 있다. 한국어로 번듯한 문장을 만들어내야 해석한 것이라고 믿기 때문이다. 심지어는 단어와 숙어를 모두 알고 문법적으로 분석을 해야만 만족하는 학생도 있다. 그래서 한 문장씩 해석을 하다가 아까운 시간을 허비한다.

최세형 군은 "나무보다 숲을 먼저 보는 방식으로 접근해야 한다"고 강조한다. 지문이 나오면 영어 원문 그대로 술술 읽으면서 전체의 윤곽을 살피라는 것이다. 그러면 어느 정도 감을 잡을 수 있다.

"지문은 단어나 문법을 알고자 하는 게 아니에요. 글쓴이가 전달하려는 바가 무엇인지를 아는 것이 관건이잖아요. 그 중심 요점만 알면 되는데 한 문장 단위로 일일이 해석하는 건 정말 시간 낭비죠."

영어 성적이 좋지 않은 학생들은 자신이 그럴 수밖에 없는 다양한 이유를 털어놓는다. 대표적인 이유가 '단어, 숙어에 약하다'는 것이다. 하지만 근본 이유는 단어, 숙어에 있지 않다. 영어로 된 글을 많이 읽지 않았기 때문이다.

영어 문장을 많이, 그리고 자주 접하면 단어와 숙어가 늘지 않을 리 없다. 처음 접하고 까맣게 잊었던 단어와 숙어를 다른 문장에서 다시 만나고, 또 그것을 익히는 과정에서 익숙해지게 되어 있다. 문제는 단어를 암기하는 요령이 없었던 것이 아니라, 영어를 접한 절대적 시간이 부족했던 탓이다.

처음에는 힘들겠지만 차츰 적응하면 이러한 학습법이 어렵지 않게 느껴진다. 직역이 아닌 뉘앙스로 이해하는 폭이 넓어지고, 영어를 원문 그대로 파악하게 된다. 힘들여 우리말로 옮긴 다음, 이해하는 과정을 반복하지 않아도 되는 것이다.

독서력은 공부의 기초 체력

우등생들은 "언어영역이 고득점을 좌우하는 열쇠"라면서
"초등학교와 중학교 시절에 책을 많이 읽어두면 수능에 큰 도움이 된다"고 말한다.

많은 부모들이 자녀에게 '공부하라'고 잔소리를 해댄다. 그들은 학교 공부만이 우등생을 만드는 유일한 비결인 것처럼 믿는 경향이 있다.

하지만 아이는 상급학교로 올라갈수록 새로운 벽에 부딪히게 된다. 위기감을 느껴 성급히 해법을 찾아보지만 이미 때늦은 경우가 많다.

공부는 교과서와 참고서만으로 완성되지 않는다. '공부하라'고 다그치는 부모는 많지만 '독서 좀 하라'고 충고하는 부모는 많지 않다.

임형진 군(고려대)은 고등학교 시절 내내 언어영역 때문에 고생을 했다. 국어 문제가 점점 어려워지더니 나중에는 미적분보다 풀기 어려운 분야가 되었다.

"지문(인용문)이 나오는 문제는 쥐약이었어요. 그 글의 주제를 찾아내라고 하는데, 거의 비슷한 보기가 나오거든요. 다 정답 같은데 도대체 뭘 선택해야 하는지 알 수가 없었죠. 언어영역은 저한테는 암호 해독이나 다름없었어요."

임 군은 "어려서부터의 독서 부족이 가장 큰 원인이었다"고 자체 진단한다. 그는 공부 외에는 책을 별로 읽지 않았다고 말한다. 언어영역 성적은 모의고사 때도 들쭉날쭉했고, 문제집을 아무리 풀어도 전혀 나아지지 않았다. 뒤늦게 후회를 했지만 언어영역의 장벽을 극복할 수 없었다.

언어영역은 문과뿐만 아니라 이과 공부에서도 상당한 비중을 차지한다. 원하는 대학에 가기 위해서는 절대로 포기할 수 없는 분야이다.

공부를 하는 데 가장 중요한 습관은 책과 친해지는 것이다. 모든 공부는 책을 보는 것에서부터 출발한다. 내용을 읽고 이해하며, 메시지를 소화하는 일련의 과정이 독서를 통해 반복되는 것이다.

그러나 독서가 우수한 성적으로 가는 직행도로는 아니다. 독서와 학교 성적이 정비례하는 것은 아니라는 뜻이다.

독서는 일종의 '우회로'이다. 굽은 길과 골목길을 돌아 수많은 대문과 문패, 풍경 들을 구경하면서 유유자적하게 걷는 길이다. 그렇게 쌓인 경험이 학교 공부와 사고체계 계발에 도움을 주게 된다. 학습의 중추신경이 독서를 통해 형성된다고 해도 과언이 아니다.

송명주 양(서울대)도 점수가 잘 나오지 않는 언어영역 때문에 마음고생을 많이 했다. 송 양은 "비싼 족집게 과외가 통하지 않는 유일한 과목이 아마 언어영역일 것"이라고 말했다.

우등생들은 "언어영역이 고득점 여부를 좌우하는 열쇠"라면서 "초등학교와 중학교 시절에 책을 많이 읽어두면 수능에 큰 도움이 된다"고 말한다. 수능의 언어영역은 공부를 한다고 해서 점수가 쉽게 오르지 않기 때문에 학생들마다 뚜렷한 한계를 보인다는 이야기이다.

250명의 학생들에게 어릴 적 독서 습관에 대해 물었다. 유년기에서 중학교 때까지 책을 많이 보았느냐는 질문이었다. 조사 학생 중 56.4퍼센트가 '많이 봤다'고 응답했다. 우등생이라고 해서 교과서만 끼고 생활했던 것은 아니었다.

'국어 과목(언어영역)이 뭐가 그렇게 어렵냐'고 의아해 하는 사람도 있을 것이다. '국어는 한글만 읽을 줄 알면 끝나는 것 아냐?'

>> 유년기부터 중학교 때까지의 독서량은 어느 정도였습니까?

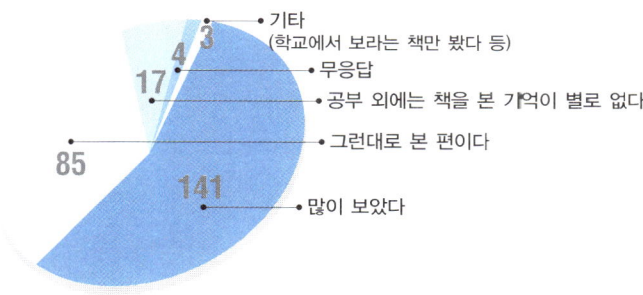

기타
(학교에서 보라는 책만 봤다 등)
무응답
공부 외에는 책을 본 기억이 별로 없다
그런대로 본 편이다
많이 보았다

3
4
17
85
141

하고 간단하게 치부해 버릴 수도 있다.

중학교 과정까지는 그럴 수도 있다. 하지만 고등학생들의 경험을 들어보라. 정답을 찾기 어렵고, 적당히 선택하면 반드시 틀리고야 마는 부분이 바로 언어영역이다.

언어영역에서 고득점을 얻는 학생들에게는 예외가 없다. 이들은 하나같이 어릴 적부터 책을 가까이했던 부류이다. 이런 학생들은 글을 읽으면서 중심내용과 흐름을 꿰뚫는 능력을 가지고 있다. 오랜 기간의 훈련을 거쳐야만 얻을 수 있는 능력이다.

입시제도가 시시각각 변함에 따라 독서의 필요성이 더욱 강조되는 경향을 띤다. 새로운 입시제도의 틀은 '광범위한 독서 없이는 대학에 들어가기 힘든 구조' 로 짜여지고 있다.

수능시험은 일종의 자격시험 정도로 비중이 낮아지고, 그 대신 내신과 논술(구술), 면접의 영향력이 높아질 것으로 보인다.

논술은 다독(多讀)의 산물이다. 책을 많이 읽지 않은 사람이 글을 잘 쓰는 경우란 찾아보기 힘들다. 다독과 다작(多作)은 몇 개월 혹은 1~2년 안에 이루어내기 힘든 목표이다. 논술 전문학원이 우후죽순 늘어나고 있지만, 책과 담을 쌓아온 아이에게 몇 가지 테크닉만 전수해 주고 높은 점수를 기대하기는 어렵다. 그만큼 어려서부터의 독서 습관이 중요하다는 말인데, 어릴 때부터 많은 책을 접해온 아이와 그렇지 못한 아이는 학습의 수준이 심화됨에 따라 더욱 확연한 차이를 드러낸다.

'학습' 이란 학생들이 새로 배운 내용을, 자신이 이미 알고 있는 것에 연결시켜 의미를 부여함으로써 이루어지는 과정이다. 배경지식이 많으면 많을수록 읽은 내용의 이해 속도는 빠르고 폭넓다.

이런 배경지식은 학교만이 아니라 개인의 모든 경험을 통해 확장된다. 이와 같은 지식은 상호 연결된 정보망 형태인 스키머(도식, Schema)로 장기 기억 속에 저장되는 것이다. 그리고 그것과 연관된 새로운 정보를 접할 때 그 의미 파악을 돕는다. 평상시 독서하는 습관이 중요한 이유도 바로 이 때문이다.

직접적인 경험이 아니더라도 독서를 통한 간접 경험을 통해 많은 스키머를 저장하고 있는 학생은, 비록 본문에 분명히 나와 있지 않는 것이라고 해도 유추해서 그 의미를 파악할 수 있다.

언어영역 시험의 가장 큰 어려움도 바로 여기에 있다. 밖으로 드러나지 않는 함축된 내용을 이해하는 대목이다. '영어 수학만 잘하면 대학 가는 데는 문제없다'고 생각하는 것은 구시대적 발상일 뿐이다. 앞으로는 영어와 수학 실력보다 독서 경험이 대학입시에 더욱 많은 영향을 미치게 될 것이 자명하다.

제 4 부

재미있게 공부하는 6가지 방법

공부도 재미있게 할 수 있다

우등생들 중에는 생활 속에서 나름의 방법을 찾아내 공부에 활용하는 학생들이 있다. 자신만의 암기 요령을 만들어내거나 교재 외의 책을 '비장의 무기'로 활용하는 것도 공부를 재미있게 할 수 있는 방법이다.

변 정인 양(서울대)은 모 방송사에서 나오는 월간지를 정기구독 하면서 영어 듣기를 연습했다. 그 월간지에는 팝송 가사와 함께 생활영어가 많이 나와 있어서, 팝송을 들으며 연습하는 데 큰 도움이 되었다.

처음에는 노래를 들으면서 귀에 들어오는 단어들을 종이에 써내려갔다. 안 들리는 단어들이 더 많았다. 하지만 반복해서 듣는 과정에서 가사를 파악할 수 있을 정도가 되었다. 열 번 정도 귀 기울여 듣고 받아 적은 가사를 원문과 대조해 보면 그런대로 맞는 것들이 있었다. 반복해서 들은 결과 팝송 가사가 입에 배기 시작했고, 자연스럽게 자주 흥얼거리게 되었다.

이런 식으로 영어 듣기 공부를 하다보니 이력이 붙었다. 나중에는 빠른 비트의 팝송은 물론 랩까지 귀에 들어왔다. 변 양은 토익이나 텝스 시험의 듣기 영역에서 만점을 받는 경우가 종종 있었고, 고등학교 3년간 영어 듣기 문제에서도 틀려본 적이 없었다.

"팝송으로 듣기 공부를 할 때 제일 좋은 건, 공부라는 생각이 전혀 안 든다는 거예요. 그래서 부담이 없어요. 가사를 알아듣고 노래를 흥얼거리는 게 재미있기도 하고요. 하루에 30분 정도 하는 거니까 공부하다 지루할 때 해보면 좋죠."

변정인 양은 대략 500곡 정도의 팝송 가사를 외우고 있다고 말했다.

방형준 군(고려대)은 국사 공부를 유난히 싫어했다. 따분한 내용을 달달 외워서 시험을 본다는 것이 마음에 들지 않았다. 그에게는 국사가 가장 어려운 과목이었고, 그래서인지 도무지 흥미를 느낄 수 없었다.

그러던 어느 날, 어머니와 함께 서점에 갔다가 '하룻밤에 한국사를 다 읽을 수 있다'는 내용의 책을 발견했다. 두께로 봐서는 어림도 없었지만 '혹시나' 하는 생각에 사달라고 어머니를 졸랐다.

집에 돌아와 엎드린 채로 읽어보니 교과서와는 달리 술술 읽혔다. 역사상의 사건들을 옛날이야기 들려주는 식으로 죽 풀어놓은 구성이었다. 무엇보다 골치 아프게 외워야 할 것이 없어서 좋았다. 방 군은 이 국사 관련 책을 한번 읽은 뒤, 침대 머리맡에 놓고 틈이 날 때마다 펼쳐보았다. 그렇게 몇 번을 읽자 국사가 그다지 어렵게 느껴지지 않았다.

어렵게 생각되는 과목이 있다면, 시중에 나와 있는 관련 도서들을 구입해 보는 것도 좋은 방법이다. 수학이나 영어, 국어(필독 소설 모음 등), 국사, 세계사, 과학 등에 걸쳐 다양한 책들이 출간되어 있는데, 대부분 흥미 위주로 서술되어 쉽게 읽을 수 있다. 무엇보다 각 과목에 대한 학습동기를 유발시켜 주기 때문에 더욱 매력적이다.

손영선 군(서울대)은 암기하기 어려운 대목이 나오면 그것을 노래로 만드는 습관이 있었다. 손 군에게 예를 들어보라고 부탁했더니 이상한 노래를 불러주었다.

'주자, 주불자보, 주~타목, 주수간목직목, 주불타목보~'

손 군은 중학교 1학년 때 자신이 처음으로 작곡한 '역작'이라면서 자랑을 했다. 알고보니 영어 문장의 5형식을 노래로 만든 것이었다. 영어 문장의 5형식은 흔히 이렇게 표기된다.

1형식 : S + V
2형식 : S + V + C
3형식 : S + V + O
4형식 : S + V + IO + DO
5형식 : S + V + O + OC

이것을 우리말로 표기하면 다음과 같다.

'주어 자동사, 주어 불완전자동사 보어, 주어 타동사 목적어, 주어 수여동사 간접목적어 직접목적어, 주어 불완전타동사 목적어 목적보어.'

손 군은 이 특징을 추려내 노래로 만들어 암기했다. 영어 문장의 5형식은 그다지 어렵지 않고, 누구나 알고 있는 부분이기도 하다. 하지만 이처럼 간단한 것이라도 막상 외우려고 마음을 먹으면 쉽게 머리에 들어오지 않는 경우가 많다.

손영선 군은 "가급적이면 맥락을 이해하려고 하지만, 반드시 암기해야 할 부분은 첫 글자를 따서 리듬을 붙이거나 노래를 만들어서 외웠다"고 말한다. 노래로 만들어 외운 내용은 몇 년이 지나도 잊혀지지 않는다는 것이 손 군의 경험담이다.

교과서와 참고서에만 파묻혀 지식을 쓸어 담는 데만 열중하다 보면 쉽게 지치고 만다. 우등생들 중에는 이처럼 생활 속에서 나름의 방법을 찾아내 공부에 활용하는 학생들이 많다. 이처럼 자신만의 암기 요령을 만들어내어 '비장의 무기'로 활용하는 것도 공부를 재미있게 이끌어갈 수 있는 좋은 방법이다.

친구들과 문제 내기

경쟁은 사람이 가진 능력을 최대한으로 끌어내는 수단이기도 하다.
선의의 경쟁을 하는 친구가 있다면 효율을 몇 배 이상으로 높일 수 있다.

김 성균 군(서울대)은 친구들과 어울려 퀴즈를 내고 맞히면서 영어를 재미있게 공부할 수 있었다고 말한다. 쉬는 시간이 되면 김 군과 친구들은 몇몇이 모여 단어 경시대회를 열곤 했다. 어려운 단어 문제를 내고, 그것을 맞히는 친구가 새로운 문제를 내는 방식이었다.

자연스럽게 친구들 사이에서 영어 단어 암기 경쟁이 벌어졌다. 누가 어려운 단어를 더 많이 알고 있느냐가 승리의 관건이었다. 친구들이 모르는 단어를 문제로 낸 친구는 부러움을 샀다. 김 군은 경쟁에서 이기기 위해 대학에 다니는 형의 토플 책까지 들춰보았다.

김성균 군은 영어 단어 퀴즈를 통해 친구들과 어울리면서 희귀

한 단어들까지 암기했다. 그 대표적인 예가 '진폐증(폐질환의 일종으로 미량의 규산염이나 석영 먼지를 호흡기를 통해 흡수함으로써 발병되는 질환)'이었다. 진폐증은 영어로 'pneumonoultramicroscopicsilicovolcanoconiosis'다. 무려 45개의 철자로 이루어진 단어이다.

물론 이런 단어는 여간해서는 입시에 나오지 않는다. 그러나 김성균 군과 친구들은 퀴즈를 내고 맞히는 재미를 만끽하기 위해 어려운 단어 찾아내기를 자청했다. 이같은 열정이 결국 영어 공부에 대한 관심의 차원을 더욱 높여주었던 셈이다.

"친구들한테 단어 문제를 내려면, 그보다 먼저 제가 외워야 하거든요. 내가 모르는 걸 문제로 낼 수는 없죠. 그렇게 경쟁하면서 2만 단어 정도를 암기한 것 같아요. 문제를 내고 맞히면서 친해진 단어들은 잘 잊혀지지 않더라고요."

김 군은 암기과목을 공부할 때도 친구들과 퀴즈를 푸는 방식을 활용했다. 독서실에서 공부를 하다가 휴게실에 모여 문제 내기를 하곤 했는데, 아무도 답을 알지 못하는 어려운 문제를 많이 낸 친구가 '왕'이었다. '왕'은 컵라면 값을 면제받았기 때문에, 모두가 왕이 되기 위해 교과서와 참고서 구석구석을 훑었다. 그랬더니 혼자 공부할 때 발견하지 못했던 부분까지도 친구들을 통해 파악할 수 있었다.

서순영 양(고려대)은 '수학 문제 내기'로 친구들과 더불어 공부했다고 말한다. 서 양과 친구들은 어려운 문제를 발견할 때마다 풀이 경쟁에 들어갔다. 가장 빨리 풀어 정답을 맞힌 친구가 승자였다. 또 게임이 끝나면 풀이 과정을 비교해 가며 서로의 요령을 전

수 받았다.

　궁극적으로 공부는 혼자 하는 것이다. 그러나 공부하는 과정에서 친구들과 더불어 그것을 일종의 '놀이 도구'로 삼는다면, 혼자 공부하는 외로움을 잊을 수 있다. 즉, 스스로 익혀가며 친구의 시각과 안목을 배우는 기회로 삼을 수 있게 된다. 이따금 친구들과 어울리며 새로운 것을 발견하는 것은 무척 흥미로운 일이다.

　이때 명심해야 할 것은, 공부하는 재미를 찾기 위해서는 '문제를 내기 위한 공부'가 미리 되어 있어야 한다는 점이다. 또한 친구들 모두가 그런 지적 욕구를 가지고 있느냐의 여부도 중요하다.

　교육 심리학자들의 재미있는 실험 결과가 위의 사실들을 증명해 준다. 실험을 위해 학생 A에게 계산 문제를 주고 풀이를 시켜보았다. A라는 학생은 5분 만에 10문제를 풀었고, 그중 8문제의 정답을

>> '최고의 친구'가 있다면, 언제 사귄 친구입니까?

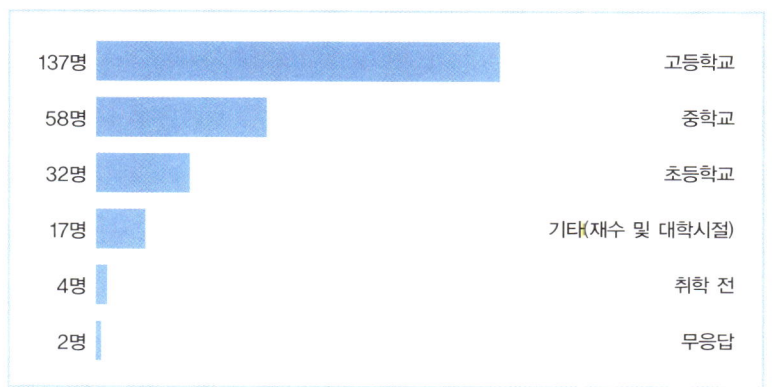

137명	고등학교
58명	중학교
32명	초등학교
17명	기타(재수 및 대학시절)
4명	취학 전
2명	무응답

맞혔다.

이번에는 비슷한 성적의 B라는 학생을 불러 둘이 경쟁하도록 해보았다. A 학생은 5분 만에 18문제를 풀었고 모두가 정답이었다. 처음 실험과 같은 난이도의 문제였는데도 훨씬 좋은 결과가 나온 셈이다.

적당한 경쟁은 사람이 가진 능력을 최대한으로 끌어내는 수단이 되어준다. 선의의 경쟁을 하는 친구가 있다면 그 효율을 몇 배 이상으로 높일 수 있다.

저마다의 **공부 스타일**은 따로 있다

공부가 즐겁다는 학생들 역시 공부가 항상 즐거웠던 것만은 아니었다.
때로는 지겹고 고통스러웠기 때문에 그것을 극복하는 과정에서
나름의 버릇이나 스타일이 만들어진 것이다.

한 용희 군(서울대)은 귀에 이어폰을 꽂아야 공부가 잘되는 스타일이다. 한 군이 주로 듣는 음악은 시끄러운 하드코어 장르였다. 볼륨을 적당히 높이고, 비트에 맞춰 고개를 까닥까닥 하면서 수학 문제를 풀어야 공부가 잘된다는 것이다.

한 군은 문제를 풀 때 목표를 세운다. '이 음악이 끝날 때까지 이걸 다 풀어야지' 하는 식으로 제한 시간을 두었고, 그렇게 목표를 달성하면 신이 났다. 물론 영어를 공부할 때는 음악을 듣지 않았다.

처음에는 부모님이 걱정을 했다. 음악을 들으면서 공부를 한다는 것이 정신없어 보인다는 이유에서였다. 대다수의 부고들은 귀에 이어폰을 꽂은 아이들을 보면 걱정부터 앞선다 한 군은 "그래도 성적은 항상 괜찮았으니까 나중에는 핀잔을 듣지 않게 됐다"고

말한다. 한 군의 경우에는 중학교 때부터 음악을 들으면서 공부하는 게 습관처럼 굳어졌고, 그것이 자기 스타일이라고 말했다.

조사에 응한 다른 학생들에게도 음악을 듣는 것 외에 자기만의 특이한 공부 버릇이 있었다.

이정화 양(연세대)은 "어려운 과목을 공부할 때는 껌을 씹어야 효율이 높았다"고 말했다. 이 양은 언젠가 껌을 씹으면 두뇌 활동이 촉진된다는 말을 들은 적이 있었다.

일부 학자들은 턱 관절 운동이 뇌를 자극한다는 연구 결과를 발표했고, 치아와 기억력 간의 상관관계가 연구에 의해 밝혀지기도 있다. 또 최근에 와서는 이를 뽑으면 기억력이 현저하게 감퇴되는 현상이 학자들에 의해 증명된 바 있다.

허재환 군(서울대)은 자칭 '헬리콥터'였다. 뭔가에 집중했을 때는 자신도 모르게 볼펜을 돌리는 습관이 있기 때문이다. 때로는 다리까지 떨면서 볼펜을 돌렸다. 고1 때는 볼펜을 돌리다가 수학 선생님에게 백묵 세례를 당하기도 했다.

많은 기성세대들은 이런 행동들이 정신을 산만하게 할 뿐만 아니라 다른 사람에게 피해를 준다고 생각해 매우 꺼려한다. '다리를 떨면 복이 달아난다'고 하면서 나쁜 습관을 호되게 지적하는 어른들을 종종 볼 수 있다.

공부를 할 때 아무 버릇도 나타나지 않는다면 축복 받을 만한 일이다. 적어도 남들의 부담스러운 시선은 피할 수 있다. 하지만 잘 생각해 보면 누구에게나 특유의 버릇이 있다는 것을 발견하게 된다. 하다못해 책을 읽으며 중얼거리기라도 한다.

"기숙사에서 방을 함께 쓰던 친구가 혼자 중얼거리는 스타일이었어요. 저는 그게 늘 못마땅했죠. 염불을 외는 것도 아니고, 타령 조로 중얼거리는데 아주 미치겠더라고요. 그것 때문에 몇 번 다투기도 했어요. 이어폰으로 음악을 들으면서 귀를 막는 수밖에 없었죠."(서울대 최용승 군)

윤수헌 군(서울대)은 집중이 안 될 때마다 책을 접어 들고 서성거리면서 공부하는 버릇이 있었다. 윤 군은 오래 앉아 있는 것을 힘들어하는 타입이어서, 변화를 줌으로써 공부의 리듬을 이어 나갈 수 있었다.

공부가 즐겁다는 학생들 역시 공부가 항상 즐거웠던 것만은 아니었다. 때로는 지겹고 고통스러웠기 때문에 그것을 극복하는 과정에서 나름의 버릇이나 스타일이 만들어진 것이다.

공부 버릇은 따분함을 잊고 집중력을 이어 나가기 위해 만들어진 일종의 '패턴'이라고 볼 수 있다. 그런 버릇을 몇 번의 노력만으로 없애기란 쉬운 일이 아니다. 만일 그것이 본인이나 주변에 피해를 주는 성질의 것이라면, 다른 버릇으로 대처할 수 있도록 서서히 노력해야겠지만, 남들이 부담을 느끼지 않는 정도에서 스스로의 패턴을 만들 필요가 있다.

자기에게 줄 상을 마련해 보라

휴식을 모른다면 일도 모른다. 일과 휴식, 창조와 향유는
톱니바퀴처럼 맞물려 있다. 우리는 즐겁게 일하는 사람이 되어야 한다.
즐겁게 일하기 위해서는 스스로를 격려할 줄 알아야 한다.

주아영 양(서울대)은 로맨스 소설과 순정만화 마니아였다. 고교 시절, 집 근처 도서 대여점에서는 더 이상 빌릴 책이 없었고, 새로운 책을 구하기 위해 다른 동네까지 원정을 다녀야 했을 정도였다. 중학교 이후 줄잡아 3,000권이 넘는 순정만화와 연애소설을 읽었다.

그렇다고 주 양이 늘 소설과 만화에 빠져 있었던 것은 아니었다. 나름의 원칙이 있었다. 공부 목표를 정해 그것을 완수해야만 만화를 보겠다고 결심한 것이다. 만화를 빌려놓고도 목표한 공부량을 다 하지 못했을 때는 대여점에 연체료를 물기도 했다. 또 중간고사나 기말고사 기간이 끝난 뒤에는 열댓 권씩 빌려다 보기도 했다.

로맨스 소설과 순정만화는 주아영 양에게 일종의 '선물'이었다.

목표를 이루거나 열심히 노력한 뒤에는 고생한 자신을 격려하는 차원에서 스스로에게 상을 주었다는 것이다.

아이의 성적이 오르면 원하는 선물을 사주는 부모들이 적지 않다. 선물을 미끼로 목표 달성을 유도하겠다는 생각에서이다. 선물은 컴퓨터나 옷 등의 물질적인 것일 수도 있고, 만화책을 볼 수 있는 자유처럼 보이지 않는 것일 수도 있다. 주위에서도 '선물로 효과를 봤다' 는 부모들을 자주 만날 수 있다.

그러나 이같은 부모의 '선물 미끼' 효과는 제한적이다. 아이가 어렸을 때는 선물의 '약발' 이 곧잘 먹힌다. 그러나 시간이 지날수록 효용은 한계를 드러낸다. 힘든 공부를 하고자 하는 의지가 외부의 자극에 점차 둔감하게 반응하기 때문이다.

이쯤 되면 배턴 터치가 이루어져야 할 상황이다. 그것은 '스스로에게 선물을 주는 것' 으로 대체되어야 한다. 일종의 자기격려이다. 요약해 보면 우등생들의 특징은 '자기에게 선물을 줄 줄 안다'

>> 성적이 오를 경우, 부모님은 선물 같은 보상을 해주시는 편이었습니까?

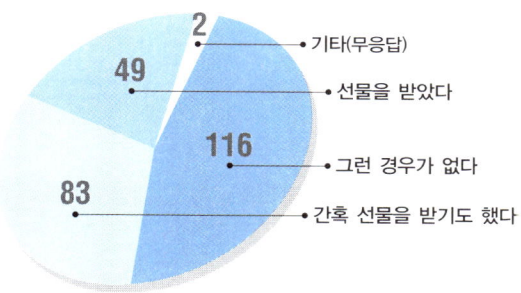

2 · 기타(무응답)
49
선물을 받았다
116 · 그런 경우가 없다
83
· 간혹 선물을 받기도 했다

는 점이었다.

영화광이었던 박선숙 양(서울대)은 '시험 기간이 즐거웠다'고 말한다. 시험의 끝자락에는 항상 기다린 보람이 있었기 때문이다. '어떤 영화를 볼까' 생각하고 있다가 시험이 끝난 후에는 극장으로 달려갔다. 주말을 이용해 극장 개봉작을 다섯 편이나 연속으로 본 적도 있었다. '시험이 끝나면 영화를 볼 수 있다'는 달콤한 기대를 갖고 공부한 박 양에게 영화는 일종의 선물과도 같았다.

문학영 군(서울대)이 자신에게 준 선물은 '잠'이었다. 토요일 밤부터 일요일 오전까지는 늘어지게 잤다. 이렇게 자고 나면 기분이 상쾌해졌다. 어릴 적부터 일찍 자고 늦게 일어나는 습관을 가졌던 문 군에게 가장 고통스러웠던 것은 수면 부족이었다. 매일 밤늦게까지 공부하며 '주말에는 실컷 잘 수 있을 거야' 하고 자신을 위로했다.

휴식을 모른다면 일도 모른다. 일과 휴식, 창조와 향유는 톱니바퀴처럼 맞물려 있다. 우리는 즐겁게 일하는 사람이 되어야 한다. 즐겁게 일하기 위해서는 스스로를 격려할 줄 알아야 한다.

욕심에는 끝이 없다. 하룻밤을 꼬박 새운 끝에 99.8퍼센트의 성과를 얻었다고 가정해 보자. 그러나 사람들은 항상 100퍼센트의 완벽함을 꿈꾼다. 그래서 재도전에 나선다. 한 달 동안 다시 도전했지만 성과는 99.9퍼센트에 그친다. 30배의 노력을 기울였으나 향상된 부분은 겨우 0.1퍼센트에 불과하다. 투자에 비해 성과는 보잘것없는 셈이다.

하지만 불완전하다는 것이 자축할 자격이 없음을 의미하는 것은 아니다. 전보다 아주 조금이라도 나아졌다면 잠시라도 즐거워 할 자격이 있다.

진정으로 스스로를 격려할 줄 아는 사람은 매우 드물다. 자신을 격려할 줄 모르는 사람의 생활은 빛을 잃고 사는 것과 같다. 이제 도전에 앞서 이렇게 생각해 보자. '이것을 성취하고 나면 나에게 어떤 상을 줄까.'

스스로에게 거는 기대만큼 멋진 것은 없다.

취미에서 지혜를 얻는다

특기 교육도 공부의 한 과정이다. 무언가를 익히는 즐거움을
통해 좋은 학습태도를 유발할 수 있으며, 국어나 영어,
수학 같은 주요 과목에 비해 학습 부담도 적다.

김 수현 군(연세대)은 초등학교 때 바둑을 배웠다. 아버지가 한
참 바둑에 빠져 있을 때였다. 김 군의 아버지는 휴일이면 기
원에서 살다시피 했다. 어머니는 아버지를 모셔 오라고 김 군에게
종종 심부름을 시키곤 했다. 아버지의 대국을 구경하다가 바둑에
눈을 뜨게 된 김 군은 처음에는 아버지에게 배우다가 그후 매일 기
원에 나갔다.

아버지와 바둑을 둘 때는 아홉 점을 깔았다. 그런데도 번번이 지
기만 했다. 하지만 대국을 하면서 실력이 부쩍 늘었고, 1년이 지난
후에는 김수현 군이 맞대결에서 이길 정도로 바둑 실력이 출중해
졌다. 그후에는 상황이 역전되었다. 아버지가 두 점을 깔고 두어도
김 군이 이길 때가 많았다.

"바둑에서 인내심을 배운 것 같아요. 원래는 성격이 엄청 급한 편이었어요. 학교에서 시험을 볼 때 실수도 많이 했죠. 문제를 다 읽지도 않고 답을 고르니까 그럴 수밖에요. 바둑을 배우면서 조급한 성격을 고칠 수 있었어요. 바둑은 마음을 다스리는 경기거든요. 평정심을 잃으면 하수한테도 질 때가 있어요."

김 군이 바둑에서 경험한 또 한 가지는 '이기는 재미'였다. 어른들과 대국을 벌이면서 이기는 재미를 길렀고, 그런 재미를 맛보기 위해서는 그 이상의 노력이 필요하다는 교훈도 얻었다. 김 군은 "공부도 바둑과 똑같은 이치로 생각했다"고 말한다.

조사 대상자 250명 가운데 107명이 예체능 등 특기교육을 받은 적이 있다고 응답했다. 피아노가 가장 많았고 태권도, 미술, 수영, 테니스 등의 순이었다. 특기교육을 경험한 학생 중에서 61명이 '효과가 있었다'고 답변했다. 또 특기교육이 효과가 있었다고 응답한 학생들은 '다양한 경험과 지식'을 그 이유로 꼽았다.

>> 특기 교육을 받은 적이 있습니까?

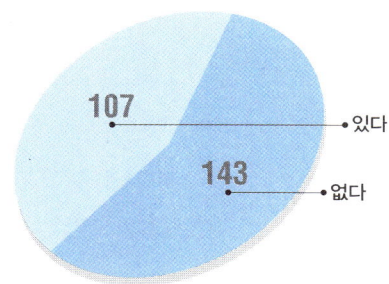

107 ● 있다

143 ● 없다

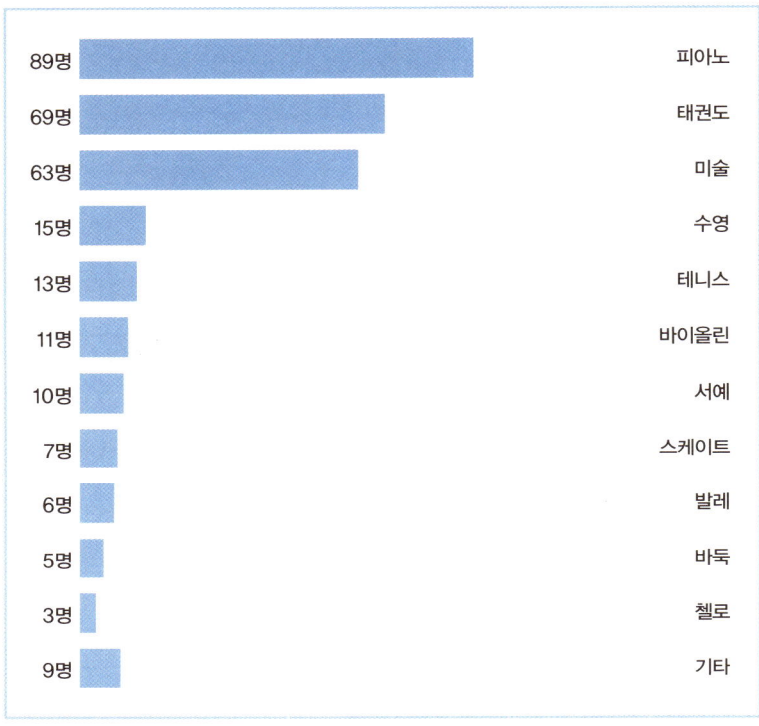

89명	피아노
69명	태권도
63명	미술
15명	수영
13명	테니스
11명	바이올린
10명	서예
7명	스케이트
6명	발레
5명	바둑
3명	첼로
9명	기타

남용준 군(서울대)은 특기교육을 통해 '배우는 즐거움'을 얻었다고 말한다. 그는 초등학교 때 여러 학원에 다녔다. 그중에서 가장 마음에 드는 것은 피아노였다.

"피아노를 배워서 실력을 갖춘다는 것보다는, 배우는 과정에서 즐거움을 얻을 수 있다는 점에서 좋았죠. 배우는 즐거움을 느낀 것이 공부하는 데 도움이 됐어요. 또 피아노를 치면서 손가락을 많이 쓰면 두뇌 발달에도 도움이 된다고 하죠."

반면 특기교육 효과에 부정적인 학생들은 '원하지 않는 것을 억지로 했기 때문에 흥미를 잃었다'고 응답했다.

학부형들이 깊이 생각해 봐야 할 대목이다. 교육의 궁극적인 목적은 학생들에게 '배움의 즐거움'을 일깨우는 것이다. 학창시절은 인생 전체를 놓고 볼 때 그렇게 긴 시간이 아니다. 반면 배움은 평생을 간다. 아무리 좋은 일도 자신이 즐거워서 하는 것이 아니라면 오래갈 수 없는 법이다.

>> **특기 교육이 효과가 있었습니까?**

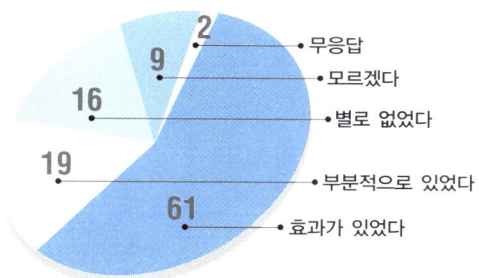

특기교육도 공부의 한 과정이다. 무언가를 익히는 즐거움을 통해 좋은 학습 태도를 유발할 수 있으며, 국어나 영어, 수학 같은 주요 과목에 비해 학습 부담도 적다. 재능은 타고나는 부분도 있겠지만 상당 부분 만들어진다.

하지만 정작 특기교육이 중요한 이유는 다른 데 있다. '인생을 풍요롭게 살아가기 위한 벗'으로서의 취미활동이라는 점이다. 취미는 인생에 즐거움을 줄 뿐만 아니라 어려움을 잊게 하고 격려해 준다. 다시 말해, 특기교육은 아이의 적성을 찾아내 '평생의 친구'를 만들어주는 것이다.

송수희 양(서울대)은 "피아노 배워두기를 잘했다는 생각을, 재수 시절에 많이 했다"고 말한다.

"친한 친구들은 모두 대학에 합격했는데 저만 낙오자가 된 기분 이었어요. 대학생 친구들을 만나봐야 할 얘기도 없고, 외로움을 많 이 느꼈죠. 그럴 때마다 피아노를 쳤어요. 피아노를 칠 때는 잠시 괴로움을 잊을 수 있었거든요. 저는 나중에 아이를 낳으면 피아노 를 꼭 가르칠 생각이에요. 삶이 무미건조하지 않아서 좋은 것 같아 요."

상상력을 발휘하라!
암기가 쉬워진다

우등생들에게 공부는 무작정 하는 암기가 아니었다.
그것은 상상력을 펼치기 위한 재료였다.
상상력으로 가공된 지식은 새로운 호기심과 목표로 이어지기 마련이다.

최 형호 군(서울대)은 아버지의 추리소설을 보는 것에서 책 읽는 습관을 들였다고 한다. 최 군의 아버지는 추리소설 마니아였다. 아버지의 책장에는 언제나 추리소설들이 가득 꽂혀 있었는데, 초등학교 고학년 때 우연히 펼쳐본 추리소설 책이 그를 독서의 세계로 이끌었다.

최 군은 애거서 크리스티의 소설을 가장 재미있게 보았다. 책을 읽다보면 범인이 누구일지가 궁금해서 참을 수 없었다. 그래서 앞부분을 보다가 참지 못하고 결말을 찾아보기도 했는데, 그렇게 하니까 재미가 없어졌다. 궁금해도 어쩔 수 없이 그냥 읽으면서 범인이 누구일까를 골똘히 생각했다.

최 군은 "추리소설을 보면서 그 장면을 상상하곤 했다"고 말한다.

"마플 할머니가 「목사관 살인사건」에서 용의자들과 대화를 하는데요, 그럴 때 용의자들이 어떤 표정을 짓고 있었을지 생각해 봤죠. 주변 상황도 머릿속에 그려봤고요. 그렇게 상상을 하다보면 '이 사람이 범인이다' 하고 추리를 하게 돼요. 그 맛에 추리소설을 열심히 봤어요."

최형호 군은 자칭 '암기과목 킬러' 였다고 말한다. 수학 성적이 조금 딸렸지만 암기과목에서 틀린 것이 없어서 점수를 보충했다는 것이다. 이처럼 독서를 즐기며 훈련된 상상력은 공부에도 여과 없이 적용된다.

"암기가 중요하긴 하죠. 그렇지만 억지로 머리에 우겨넣는 공부는 재미가 없어요. 그렇게 하다가는 금세 지치고 말아요. 그것보다 상상력이 필요해요. 교과서나 참고서에 나오는 부분을 읽다 보면 어떤 장면이 떠오르거든요. 그런 장면을 제 나름의 스토리로 만들어 기억하는 거죠."

글자나 기호보다는 영상이 더욱 선명하게 기억에 남는다. 국사나 세계사 같은 공부를 할 때는 역사극을 연상하면서 정리하는 것이 도움이 된다. 그렇게 하다보면 지루하지도 않고 그런 연상에서 재미를 느낄 수 있다.

영어 단어 암기에도 최형호 군 스타일의 '장면 연상법'을 적용할 수 있다. 머릿속에 어떤 상황을 만들어 단어를 외울 수 있다면 훨씬 도움이 된다. 즉, 단어와 그 의미를 연결시킬 수 있는 그림을 마음속에 연상하는 기억법은 효율적인 암기를 돕는다.

예를 들어 'avarice' 라는 단어를 외운다고 생각해 보자. avarice

란 '탐욕'이라는 뜻이다. 우선 단어를 두 부분으로 나누어 'ava'와 'rice'로 분리해 생각해 본다. 'Ava'라는 이름의 여자가 앞에 산더미같이 '쌀(rice)'을 쌓아놓고 있는 모습을 머릿속에 그려보자. 'Ava'가 다른 사람은 가지고 갈 수 없도록 팔로 쌀더미를 감싸고 있는 모습을 상상해 보면 좋겠다. 그래서 'Ava'와 'rice'가 합쳐지면 '탐욕'이 되는 것이다.

이런 이미지 연상법은 이미 학계에서도 공인된 학설이다. 더불어 접두사나 접미사를 비롯해 단어의 어원을 공부하는 것도 영어의 이해를 돕는 좋은 방법이다. 아무리 공부를 열심히 해도 시험에서 모르는 단어가 나올 가능성은 언제라도 있다. 이럴 경우 낯선 단어의 뜻을 유추해 보아야 하는데, 접두사와 접미사를 많이 알면 의미 파악에 도움이 된다.

복잡해 보이는 단어도 어원을 알면 훨씬 쉽게 이해할 수 있다. 예를 들어 'implacable'이란 단어는 부정의 의미를 가진 'im'이라는 접두사와 '달랜다'는 의미의 'plac'이라는 어원, 그리고 '할 수 있다'는 의미의 'able'이란 접미사가 합쳐진 단어이다. 따라서 '달랠 수 없는' '화해하기 어려운' '무자비한'이란 의미의 단어가 만들어지는 것이다.

영어 단어에 관한 참고서에는 예외 없이 이런 어원, 접두사, 접미사 리스트가 나오기 마련이다. 이것을 익히고 여러 가지 예를 통해 외워두면, 모르는 단어가 나왔을 경우 상상력을 발휘해 그 뜻을 짐작할 수 있다.

우등생들에게 공부는 무작정 하는 암기가 아니었다. 그것은 상상력을 펼치기 위한 재료였다. 이처럼 상상력으로 가공된 지식은 새로운 호기심과 목표로 이어지기 마련이다.

다만, 상상에는 여유가 필요하다. 시험을 14시간 앞두고 하는 벼락치기 공부에서 상상력을 기대할 수는 없다. 그래서 평상시의 공부 습관이 중요하다. 처음과 끝은 붙어 있다. 독서와 공부가 상상력을 키우고, 상상력이 공부 자질을 향상시킨다.

제 5 부

부모와 선생님이 우등생을 만든다

사수 끝에 찾아낸 희망

부모들의 마음은 한결같다. 자기 아이가 꿈을 이루며 살기를 바란다.
그래서 잔소리를 하고 때로는 회초리를 들기도 한다. 그러나 자식들은
그런 부모의 마음을 헤아리지 못한다. 심지어는 귀찮게 여기기까지 한다.

배 원정 양(서울대)에게 아버지는 '넘을 수 없는 산'이었다. 아버지는 단 한 번의 실수도 용납하지 않는 완벽주의자였다. 그런 아버지에게 배 양은 칭찬을 받아본 적이 없었다.

배 양은 초등학교 1학년 시험에서 전 과목을 통틀어 한 문제를 틀렸다. 당시 그녀가 다니던 사립 초등학교는 정규 시험 외에도 과목별 경시대회를 여는 등 유난히 시험이 많았다.

배 양은 전 과목에서 한 문제를 틀렸으면 잘한 것이라고 생각했다. 아버지가 '잘했다'고 하실 줄 알았다. 그러나 아버지의 반응은 딴판이었다. 오히려 "왜 이렇게 쉬운 문제를 틀렸느냐"고 한참 동안 혼이 난 것이다.

그녀의 목표는 '올백'으로 상향 조정됐다. 실제로 평균 100점을

받는 일이 자주 일어났다. 그래도 아버지는 만족하지 않았고, 늘 이렇게 말씀하셨다.

"그게 뭐 그렇게 대단해."

중학교에 진학한 이후 평균 점수가 95점 밑으로 내려갔다. 중학교 시험은 초등학교 때와는 딴판이었다. 방문을 걸어 잠그고 울었지만, 아버지는 아무 말도 하지 않으셨다.

배 양은 성적을 올리기 위해 학원에 다니기 시작했다. 자습 시간표를 짜서, 매일 밤 늦게까지 열심히 공부했다. 그렇게 공부한 결과 다음 시험에서는 평균 98점을 받아 전교 3등을 했다. 하지만 아버지는 시큰둥한 반응이었다. 오히려 "너는 왜 전교 1등을 못하느냐"고 다그치셨다. 처음으로 아버지가 원망스러웠다.

중학교 때의 목표는 전교 1등을 놓치지 않는 친구를 꺾는 것이었다. 그러나 졸업할 때까지 단 한 번도 이겨보지 못했다. 그 친구는 괴물이었다. 족집게 과외를 과목별로 받는다는 소문도 있었다.

더욱 큰 불행은, 그 친구와 같은 고등학교에 진학하게 된 것이었다. 아버지의 핀잔을 3년 동안이나 더 들어야 한다고 생각하니 하늘이 노래졌다.

책이 손에 잡히지 않았다. 만화책이나 잡지를 보는 시간이 늘었고, 공부방에서 딴 짓을 하다가 부모님 오시는 소리가 나면 감추는 일이 반복되었다. 성적은 끊어진 연처럼 곤두박질쳤고 결국, 모의고사 성적이 전교 50등 밑으로 내려갔다.

휴일에 아침을 먹다가 아버지에게 처음으로 반항했다. 아버지가

"공부할 생각이 없으면 지금이라도 늦지 않았으니까 학교를 관두고 직업을 찾자"고 말씀하셨던 것이다. 분노가 울컥 치밀었다.

"그러죠 뭐. 공부를 왜 해야 하는지 모르겠고, 왜 이렇게 살아야 하는지도 모르겠어요. 학교 그만둘래요. 그리고 전 그런 애들하고 경쟁할 마음 없어요. 엄마가 차로 모시고 다니면서 일류 강사한테 족집게 과외까지 받는데, 공부 못하면 그게 바보죠. 걔네들은 한 달에 몇 백만 원씩 투자한다는데 동네 학원에서 싸구려 강의 듣는 저랑 같겠어요?"

말이 끝나기가 무섭게 아버지에게 뺨을 맞았다.

"못된 송아지 엉덩이에 뿔 난다더니, 어디서 엉터리 같은 소리만 듣고 와서 이러는 거야? 남들이 어떻다고? 남들이 얻은 것은 다 공짜로 보이지? 엉? 그렇게 남의 탓이나 하고 원망만 해봐. 그게 바로 패배자들이 하는 소리야. 족집게 선생이 공부까지 대신 해줘? 그런 식으로 살려면 학교고 공부고 다 때려치워."

배 양은 결국 가출을 했다. 일주일 동안 친구네 집에서 지내다가 친구 어머니의 눈치가 보여 집으로 돌아왔다. 배 양은 그후로 아버지의 다그침을 들을 수 없었다. 또 여전히 왜 이렇게 살아야 하는지, 왜 이런 세상에서 살아야 하는지 그 이유를 찾을 수 없었다.

적당히 공부하고 적당히 놀았다. 그리고 지방대에 합격했지만, 입학한 지 두 달 만에 휴학계를 냈다. 사는 게 재미가 없었다. 다시 시작해 보려고 했지만 공부는 여전히 재미없었다. 배 양은 또다시 노는 친구들과 어울려 방황하기 시작했다.

"노는 건 즐거웠지만 늘 가슴속이 허전했어요. 뭔지 모르게 불안했고요. 나중에 생각해 보니까 그게 바로 미래에 대한 공포더라고요. 그래도 재수하면서 다양한 사람들을 만나서 세상을 많이 배웠던 것 같아요. 경영학과를 졸업하고 한의대에 들어가려고 다시 공부하는 사람도 있었고, 서른이 넘어서 치의예과를 목표로 공부하는 아줌마도 있었죠. 세상이 참 묘하다는 생각을 많이 했어요."

배 양은 재수에 실패했다. 학교를 자퇴하고 삼수에 들어갔다. 하루에 10시간씩 수학 공부를 했다. 머리가 터질 것 같았다. 두통약을 먹어가면서 문제를 풀었다. 뭔지 모를 불안의 원인을 찾아냈다. 그리고 결심했다. 다시는 스스로를 팽개치지 않겠다고, 세상에 당당히 맞서겠다고 마음먹었다.

서울대 인문계열로 원서를 넣었다. 또 낙방을 했다. 그렇지만 '이번에야말로 감을 잡았다'는 생각이 들었다. 한 번만 더 도전해 보면 좋은 결과를 얻을 수 있을 것 같았다.

성적은 노력이란 투자와 정비례하지 않는다. 초기에는 어느 정도의 상승곡선을 그리지만 어느 시점에서 정체기에 빠진다. 하지만 슬럼프를 이겨내면 다시 상승한다. 계단식의 곡선을 그리는 것이다. 최상위권으로 가는 길에는 이런 성장과 고통이 번갈아 가며 나타난다.

배원정 양은 3년간의 방황 끝에 삶의 이유를 깨달았다고 말한다. 그녀에게 삶의 이유는 '그래도 희망이 있기 때문'이었다. 희망은 눈앞에 닥친 어려움을 극복해야 도달할 수 있는 꿈이었다. 꿈을 찾아내고 목표를 향해 어렵사리 한 걸음씩 옮기는 것이 인생이었다.

그러나 아버지는 '방황 끝의 깨달음'을 딸의 입을 통해 직접 들을 수 없었다. 급작스러운 건강 악화에 병원을 찾았지만 이미 손을 쓸 수 없는 지경이었다. 병원에서는 간암 말기라고 했다. 아버지는 돌아가실 때까지 그 사실을 배 양과 동생에게 말하지 않았다. 결국, 그녀가 사수를 하던 해 6월에 하늘나라로 떠나셨다.

배 양은 가족과 함께 아버지의 유품을 정리하다가 자신의 이름이 적혀 있는 사진첩 여덟 권을 발견했다. 그녀가 태어나 자란 과정이 사진 속에 고스란히 담겨 있었다. 시한부 인생을 선고 받은 아버지가 가족 앨범을 다시 정리해 배 양만의 앨범을 만들어둔 것이다.

사진 밑에 아버지의 익숙한 글씨체가 보였다. 그녀가 몇 살 때 어디에서 찍은 사진인지 설명해 주는 메모들이었다. 아버지의 사진 설명은 아주 간단했다. 시한부 인생의 막바지에 접어들어서도 여전히 무뚝뚝했던 아버지의 스타일을 볼 수 있었다.

앨범의 마지막 장에는 이렇게 씌어 있었다.

'원정아, 이제부터는 네가 스스로 앨범을 정리해야 한단다. 네가 어떻게 살아가느냐에 따라 여기 붙여질 사진이 바뀌겠지. 사실 아빠는 항상 네가 자랑스러웠단다. 아빠가.'

배원정 양은 앨범들을 안고 한참동안 오열했다. 아버지의 마음을, 아버지를 떠나보낸 뒤에야 알 수 있었다.

배 양을 만나 면접 조사를 했을 때, 그녀는 유학을 준비하고 있었다. 미국의 명문대 세 곳에 지원해 놓은 상태라고 했다. 그곳에서 교육심리학 석박사 과정을 밟을 계획이라고 배양은 포부를 전했다.

부모들의 마음은 한결같다. 자기 아이가 꿈을 이루며 살기를 바란다. 그래서 잔소리를 하고 때로는 회초리를 들기도 한다. 그러나 자식들은 그런 부모의 마음을 헤아리지 못한다. 심지어 귀찮게 여기기까지 한다.

결국 스스로 부모가 되어 쓰라린 고통을 겪은 후에야 부모님의 마음을 이해할 수 있다. 그리고 후회를 한다. 부모님과 자주 대화를 나눠보자. 뒤늦은 후회를 조금이라도 줄일 수 있기를 바란다면.

선생님, 우리 선생님

어울려가며 세상살이를 배우는 곳이 바로 학교이다.
마음이 맞지 않는 선생님에게도 분명 배울 점이 있다.
선생님의 스타일이 다르다고 해서 불평만 한다면 해결되는 일이 없다.
우등생들의 가장 큰 특징은 '쉽게 포기하지 않는다'는 점을 기억해야 한다.

신 우용 군(서울대)은 "고등학교 1학년 때 담임선생님께 큰 빚을 졌다"고 말했다. 신 군은 담임선생님에게서 '베푸는 삶이 얼마나 아름다운 것인지'를 배웠다.

신 군의 집은 넉넉하지 못한 편이었다. 아버지는 거동을 하지 못해 집에 누워 계셨고 어머니가 일을 하면서 생활비와 아버지 치료비를 댔다. 신 군은 어머니에게 학비를 달라고 할 때가 가장 싫었다.

신 군이 다닌 고등학교는 가파른 언덕 위에 있었다. 언덕을 한참 올라야 교문이 있었기 때문에, 많은 친구들이 어머니의 자가용을 타고 등하교를 했다.

신 군은 자전거로 등교를 했다. 자전거로 40분 정도 걸리는 거리였다. 입학한 지 한 달이 조금 지났을 때였다. 수업을 마치고 나왔는데 자전거가 보이지 않았다. 아무리 둘러봐도 찾을 수 없었다. 누군가 훔쳐간 것이 틀림없었다. 수중에는 동전 한 푼 없었다. 신 군은 할 수 없이 집까지 걸어가야 했다.

다음날 새벽에 일어나 학교까지 걸어갔다. 뛰다가 걷다가 했는데도 1시간 20분이나 걸렸다. 다리가 너무 아팠다. 세수를 하고 교실에 혼자 앉아 있는데 담임선생님이 들어오셨다. 선생님이 "왜 이렇게 일찍 나왔느냐"고 물었다. 신우용 군은 울음을 터뜨렸다.

선생님이 종례가 끝난 후 신 군을 불렀다. 선생님을 따라 운동장 한구석으로 가보았다. 자전거들을 세워놓는 곳이었다. 선생님은 갑자기 주머니에서 열쇠를 꺼내더니 자전거 한 대를 풀었다.

"이거 우리 집에 세워놓기만 했던 건데, 나는 탈 일이 없으니까 네가 타라. 점심시간에 집에 들러 차에 싣고 왔다."

선생님의 설명과는 달리, 프레임에 붙은 딱지조차 떨어지지 않은 새 자전거였다. 신 군은 그 자리에 서서 바보처럼 또 울었다고 회상했다.

며칠 후 선생님이 자전거 뒷자리에 큰 보따리 하나를 실어주셨다. 선생님은 "집에 가서 풀어보라'고 말씀하셨다.

참고서들이었다. 많은 출판사들이 학기 초마다 선생님들에게 홍보용으로 참고서를 보내온다. 그런 참고서들이 선생님들 책상마다 수북하게 쌓여 있는데, 담임선생님은 각 과목 선생님들에게 부탁해 안 보는 참고서를 걷어 신 군에게 전해준 것이었다.

"선생님께 감사하다고 말씀드렸더니 '나한테 그래야 할 이유가 없다'고 그러셨어요. '네가 나중에 잘돼서 세상에 좋은 일을 많이 한다면 그걸로 충분하다'고 말씀하셨어요. 선생님이 아니었다면 제가 이 자리까지 오지 못했을지도 몰라요."

아이러니컬하게도 그 담임선생님의 별명은 '독사' 였다.

신우용 군은 대학연합 봉사 동아리에서 활동하고 있다고 했다. 그의 장래 희망은 공무원이다. 신 군은 고시에 합격한다면 복지정책 분야에서 어려운 사람들을 위해 일하고 싶다는 포부를 밝혔다.

사교육 시장이 급속하게 확대되면서 학교 교육에 대한 불만이 점점 높아지고 있다. 조사 대상 학생들에게 '학교 수업이 어땠는지' 물어보았다. 가장 많은 답변은 '보통이다' 였다. '만족했다' 는 응답은 응답자의 13퍼센트에 불과한 27명이었다.

'학원 수업이 학교에 비해 훨씬 낫다' 고 응답한 학생이 전체의 30퍼센트가 넘는 63명에 달했다. 학생들의 불만 가운데 가장 눈에 띈 것은 '선생님들의 권위주의' 라는 부분이었다. '학원 강사들은 학생들과 친하게 지내고, 거리감도 안 느껴지는데 선

>> 고교 시절, 학교 수업은 어땠습니까?

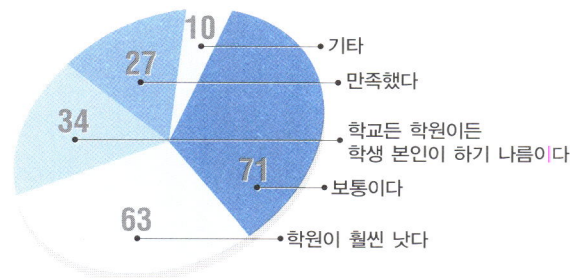

생님들은 대하기 어렵다'는 식이다.

그러나 한 가지 명심해야 할 것은, 학교가 '오로지 입시 전투병을 양성하는 곳'은 아니라는 점이다. 학교는 청소년이 사회 일원으로 성장하도록 '사회화 과정'을 전수하는 곳이다. 학생들 각각의 눈높이에 교육을 맞춰줄 수는 없다. 학생들 다수에 중심을 맞추어야 한다. 거의 모든 선생님들이 항상 이 문제를 갖고 고민한다고 해도 과언이 아니다.

학교는 '사회의 축소판'이다. 새 친구를 사귀고 다투기도 한다. 마음이 통하는 선생님이 있는가 하면 스타일이 다른 선생님도 있다. 또 선생님과의 틀어진 관계로 인해 고통을 당할 수도 있다.

어울려가며 세상살이를 배우는 곳이 바로 학교이다. 마음이 맞지 않는 선생님에게도 분명 배울 점이 있다. 선생님의 스타일이 다르다고 해서 불평만 한다면 해결되는 일이 없다. 우등생들의 가장 큰 특징은 '쉽게 포기하지 않는다'는 점을 기억해야 한다.

대학 졸업반인 이용성 군(서울대)은 "요즘 취업이 하늘의 별따기"라며 "고3 때 담임선생님 생각이 자주 난다"고 말한다. 이 군의 반은 모의고사 성적이 나오는 날마다 '매 타작'이 벌어졌다. 떨어진 점수만큼 대걸레 자루로 엉덩이를 맞았다는 것이다. 담임선생님은 친구들을 때리면서 늘 이렇게 이야기했다고 한다.

"아프지? 그래도 이렇게 맞던 걸 그리워하게 될 거다. 어른이 되고 나면 맞는 것으로도 용서받을 수 없거든."

담임선생님의 별명은 '용서받지 못할 자'였다.

어머니와 문학전집,
그리고 책 도둑

이야기를 듣고 난 어머니는 '내 잘못이다, 내 잘못이야.
너한테 지금까지 책 한 권 제대로 못 사줬구나' 하면서 눈물을 흘리셨다.
어머니가 흐느끼자 잠들었던 동생이 깨서 '엄마, 어디 아파?' 하고 물었다.

정 연석 군(포항공대)은 '이가 빠진 세계문학전집' 한 질을 가지고 있다. '이가 빠졌다'는 의미는 50권의 전집 가운데 두 권이 없다는 의미이다. 하지만 이 전집 세트를 '가보'로 간직하겠다고 했다. 정 군과 독서 경험에 대한 심층 면접을 진행하던 중, 그 사연을 전해 들을 수 있었다.

정연석 군은 책 읽는 것을 좋아했다. 집안 형편이 어려웠기 때문에, 주로 친구들의 책을 빌려서 읽었다. 정 군의 어머니는 재래시장에서 조그만 식당을 운영하고 있었다. 그는 "아버지에 대해서는 말하고 싶지 않다"고 했다. 정 군은 평소 빠듯하게 살림을 꾸려가는 어머니에게 책 살 돈을 달라고 손을 내밀기가 어려웠다.

초등학교 6학년 때였다. 반 친구 집에 놀러 갔다가 50권짜리 세계문학전집이 있는 것을 보았다. 그 외에도 위인전집을 비롯해 책이 상당히 많았다. "한 권씩 빌려 가도 되겠느냐"고 물었더니 친구는 "나는 안 보니까 마음대로 갖다 보라"고 했다.

정 군은 사흘에 한 번 꼴로 그 친구의 집에 놀러 가서 책을 빌려왔다. 문학전집 중 한 권을 가져올 때도 있었고, 학생과학백과 중에서 골라 올 때도 있었다.

집에 돌아오면 어머니가 해놓으신 밥을 퍼서 상을 차리고 동생과 함께 저녁을 먹었다. 그릇을 치우면 밥상이 책상으로 변했다. 동생이 텔레비전을 보는 사이, 정 군은 숙제를 하고 빌려온 책을 읽었다.

어머니는 매일 밤 11시가 되서야 귀가하셨다. 정 군은 동생을 재우고 난 뒤 어머니가 올 때까지 기다렸다가 어머니와 함께 잠이 들었다. 밤늦게 돌아오신 어머니를, 아침에는 볼 수 없었다. 어느새 집안일을 모두 해놓고 새벽시장에 나가시기 때문이다. 동생을 깨워서 아침을 먹고 학교에 가는 게 정 군의 일과였다.

정 군이 책을 빌리러 다닌 친구는 일주일에 몇 번씩 과외 수업을 받았다. 그때는 친구가 수업이 끝나기를 기다려 책을 반납하고 새 책을 빌려왔다.

"엄마, 얘가 우리 반 반장이야."

책을 빌려주는 친구가 정 군을 어머니에게 인사시켰다.

"응. 그래. 너도 과외를 같이 하지 그러니."

"아뇨. 저는 좀……."

정연석 군이 책을 고르는 사이, 과외를 받던 친구들이 오락실에 놀러간다고 했다. 친구는 "네가 알아서 가져가라"면서 다른 친구들과 함께 나갔다. 정 군은 여러 가지 책을 뒤적이다가 마음에 드는 책을 골라 나왔다. 그러다가 거실에 있던 친구의 어머니와 마주쳤다. 그 이후에도 비슷한 일이 여러 번 있었다.

어느 날, 정 군이 동생과 저녁을 먹고 있는데 친구에게서 전화가 왔다.

"이사를 가야 하니까, 엄마가 책을 돌려받으라"고 했다는 것이다.

빌린 책을 들고 그 친구의 집으로 갔는데, 친구의 어머니가 "왜 그것밖에 없냐"고 물었다. 정 군은 "한 권씩 빌려갔으니까 이것만 돌려드리면 된다"고 대답했다.

친구 어머니가 사나운 표정을 지었다. 두 권이 빈다는 것이었다. 그러면서 "빨리 내놓으라"고 소리를 쳤다. 정 군은 "한 권씩 빌려갔고, 새 책을 빌릴 때마다 반납을 했으니까 그럴 리가 없다"고 말씀드렸다.

친구 어머니가 물었다.

"너희 어머니 집에 계시지? 전화번호가 몇 번이야?"

"아뇨. 지금 밖에서 일하고 계셔요."

정연석 군은 그제야 자신이 책 도둑으로 몰렸다는 사실을 깨달았다. 억울했다. 집에 돌아와 멍하니 앉아 있었다. 친구 어머니가 한 시간 간격으로 전화를 했다. 어머니를 찾는 전화였다. 밤 12시가 다 된 시간, 어머니가 그 전화를 받았다. 어머니는 '죄송합니다'라는 말밖에 모르는 것 같았다.

친구 어머니의 날카로운 음성이 정 군의 귀에까지 들릴 정도였다. "어떻게 가르쳤기에 반장이라는 애가 도둑질을 하느냐"는 것이었다. 어머니가 전화를 끊고 돌아앉았다. 정연석 군은 "엄마, 그게 아냐" 하면서 울음을 터뜨렸다.

이야기를 듣고 난 어머니는 "내 잘못이다. 내 잘못이야. 너한테 지금까지 책 한 권 제대로 못 사줬구나" 하면서 눈물을 흘리셨다. 어머니가 흐느끼자 잠들었던 동생이 깨서 "엄마, 어디 아파?" 하고 물었다.

정 군은 그날의 일을 영원히 잊지 못할 것 같다고 말한다.

어머니는 다음날 식당에 나가지 않으셨다. 학교에서 돌아온 정 군의 손을 잡고 동네 헌책방을 돌기 시작했다. 그렇지만 똑같은 세계문학전집을 찾아내지 못했다.

집으로 돌아오자 친구 어머니로부터 또 전화가 왔다. "빼돌린 두 권을 빨리 내놓지 않으면 학교에 알려서 반장을 못하게 하겠다"는 것이었다. 정연석 군은 이해할 수 없었다. 친구는 그런 책들을 거들떠보지도 않는데, 그 어머니는 정 군을 '소중한 물건을 훔친 도둑'으로 몰아세우는 격이었다.

어머니는 다음날도 식당에 나가지 못했다. 오후 내내 헌책방 거리를 돌았다. 그러나 헛수고였다. 출판사에 전화를 걸었더니, 낱권으로는 팔지 않는다고 했다. 어쩔 수 없이 어머니는 전집을 배달해 달라고 했다. 이틀 후 배달 온 책 중에서 두 권을 들고 어머니와 함께 그 친구 집으로 갔다. 친구의 어머니는 여전히 기세등등했다.

정 군이 "책을 훔치거나 빌려가서 잃어버린 적이 없지만, 자꾸 그러시니까 두 권을 사왔다"고 말씀드렸다. 어머니는 계속 죄송하다고만 하면서 고개를 조아릴 뿐이었다. 친구 어머니는 듣는 둥 마는 둥 하더니 "어린애가 벌써부터 그러면 안 된다"고 훈계를 했다. 친구가 문을 조금 열고 훔쳐보고 있었다.

며칠 후, 정 군은 어머니가 식당 월세를 낼 돈으로 문학전집을 구입한 사실을 알게 되었다. 가게 주인이 매일 밤 전화를 걸어 "돈을 내라"며 성화였다. 정연석 군은 '세상에서 제일 불쌍한 사람은 우리 어머니'라고 생각했다.

정연석 군은 48권짜리 이가 빠진 세계문학전집을, 나중에 자신의 아이에게 물려줄 생각이라고 한다. 할머니와 아빠가 어떻게 살았고, 어떤 슬픔을 겪었는지 이야기해 주겠다는 것이다.

책에 대한 욕심은 누구에게나 권할 만한 덕목이다. 또 읽고 싶은 책을 언제라도 읽을 수 있다면 행복한 일이다. 그러나 여건이 그렇지 못하다면 학교나 동네 도서관을 이용하는 것도 하나의 방법이 될 수 있다. 학창시절의 독서 욕심은 아무리 부려도 지나침이 없다.

어머니는 논술 선생님

엄마는 아이의 첫 스승이자 평생의 교사이다.
아이가 학업을 마치면 선생님의 역할은 끝이 난다.
하지만 어머니의 스승 역할은 평생 계속된다.

우리나라 어머니들의 교육열은 참으로 대단하다. 마치 자식 교육에 목숨이라도 건 듯한 분위기이다. 친구나 후배들을 만날 때마다 나는 매번 질문 공세에 시달린다. 명색이 교육학자이다 보니 '공부의 지름길'을 알고 있을 거라고 생각하는 모양이다.

얼마 전 친척 동생을 만났을 때, 깜짝 놀란 적이 있다. 다섯 살배기 아이가 4가지의 교육을 받고 있다는 말을 전해 들었기 때문이다. 그 아이는 영어 유치원에 다니면서 한글놀이, 은물, 산수놀이를 방문교사에게 지도 받고 있었다.

나는 동생에게 물어보았다.

"그렇게 많이 시키면 애가 스트레스 받지 않을까? 교육비도 부담스럽잖아?"

"어쩔 수 없어요. 더 좋은 데 다니는 애들도 많아요. 우리는 형편이 안 돼서 그렇게 못하지만 이런 식으로 어떻게 더 학 공부까지 시킬지 걱정이에요. 생각해 보면 우리 엄마는 참 대단해요. 삼남매를 대학까지 공부시켰으니."

"애가 수업을 잘 이해하는 것 같아?"

"그럼요. 산수 선생님은 영재 교육원 입학을 알아보라고 하던데요. 우리 애가 수 개념이 상당히 뛰어나다고요."

명문대생 250명에게 '취학 전 조기교육 학원에 다닌 적이 있는지' 물어보았다.

'다닌 적이 있다'는 응답은 고작 26.4퍼센트에 불과했다. '한글 놀이 같은 교재를 이용해 본 경험이 있다'고 응답한 학생도 절반에 못 미치는 114명에 그쳤다. 입시에 성공한 대다수의 학생이 통상적인(현재의 교육열 기준) 조기교육 과정을 밟지 않은 셈이었다.

추상훈 군(서울대)은 "초등학교에 들어가서야 한글을 깨우쳤다"

>> 취학 전, 조기교육 학원에 다닌 적이 있습니까?

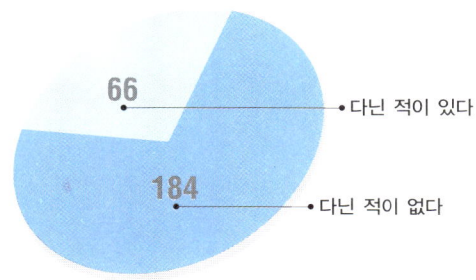

66 •다닌 적이 있다

184 •다닌 적이 없다

고 말했다. 추 군의 부모는 그를 유치원에 보냈지만, 한글이나 산수 공부를 강요한 적은 없었다. 유치원에서는 한글을 가르치지 않는다. 필요할 때마다 아이들에게 쓰도록 시킬 뿐이다. 쓰지 못하는 아이를 대신해 교사가 써주기도 한다. 한글은 알아서 익히라는 말이다. 그래서 많은 어머니들이 한글 지도교사를 따로 부른다.

추 군의 어머니는 유치원 선생님의 성화에도 아랑곳하지 않았다고 한다. 동화책은 자주 읽어주었지만 한글을 깨우쳐주기 위한 시도를 굳이 하지는 않았다.

"우리 엄마는 엄한 편이어서 친구들이랑 싸움을 하면 회초리로 맞았어요. 그리고 우리가 떼를 쓰지 못하도록 했어요. 원하는 장난감이 있으면, 그게 왜 필요한지 이유를 설명하도록 하셨죠. 웃기죠? 어린 마음에도 '혹시 계모가 아닐까' 하는 생각이 든 적도 있다니까요."

추상훈 군의 어머니는 대학원까지 나온 고학력자였다. 추 군의 어머니와 간단한 전화 통화를 해보았다.

"저희 부부는 아이가 잡초처럼 자라길 원했어요. 잡초에 물 주는 사람은 없죠? 아이가 스스로 발견하도록 해야죠. 아이 인생을 부모가 대신 살아줄 수는 없잖아요. 처음에는 느리고 답답하죠. 그래도 참아야 해요. 부모들이 그걸 참지 못하기 때문에, 그리고 자신들의 체면 때문에 아이들을 망치는 겁니다. 아이는 언젠가 온실 밖으로 나가야 해요. 온실 속에서 자란 화초는 비바람을 견디지 못해요."

한마디로 스스로 학습하도록 해야 한다는 주장이었다. 이와 같은 '스스로'는 공부 잘하는 학생들의 키워드였다.

추 군의 어머니에게 '싸우지도 떼를 쓰지도 못하게 했던 이유'를 물었다.

"어울러 살 줄 아는 것이 공부보다 중요하기 때문이죠. 아무리 똑똑해도 어울러 사는 법을 모르면 불행해져요. 떼를 쓰지 못하게 한 것은, 스스로 생각하는 습관을 들이도록 하기 위해서였어요. 그것이 왜 필요한지 스스로 생각해 봐야 해요. 원하는 것을 갖기 위해 생각하다 보면 사고가 깊어지죠."

고교 시절, 어머니는 추 군의 '논술 선생님'이기도 했다. 어머니는 매일 새벽, 신문을 먼저 보고 칼럼이나 사설을 오려서 아들에게 내밀었다. 추 군은 그것을 세 번씩 읽었다. 학교 가는 버스에서, 점심 먹은 후에, 그리고 자율학습이 끝나 가방을 챙기면서였다.

그리고 집에 돌아와서는 간식을 먹으며 어머니와 토론을 했다. 어머니가 '그 문제에 대해 어떻게 생각하는지'를 물으면 추 군이 이야기하는 식이었다.

앞으로의 입시에서는 논술과 면접이 당락을 좌우할 가장 큰 변수로 작용할 것이라는 전망이 지배적이다.

논술과 면접 시험의 포인트는 자신의 생각을 얼마나 조리 있게 글이나 말로 표현하느냐에 달려 있다. 그런데 이런 역량은 학원 몇 달 다닌 것만으로는 길러지지 않는다. 게다가 논술학원에서 가르치는 내용은 천편일률적인 기술뿐이다. 자신만의 독특한 관점으로 서술하는 능력을 기대하기는 무리이다(평가위원들은 자신만의 관점이 있는지의 여부를 평가의 첫번째 기준으로 삼는다).

아이들은 유독 호기심이 강해서 세상의 지식을 스펀지처럼 흡수한다. 그래서 많은 아이들이 어릴 적에는 '신동' 소리를 듣는다. 그러나 시간이 지날수록 호기심은 자취를 감추고 둔해지기 마련이다. 스스로 찾아내는 재미를 잃었기 때문인데, 강제적인 지식 주입이 스스로 찾을 여유를 앗아간다.

좋은 학원에 보내고 선생님을 불러들여야만 아이에게 공부를 시키는 거라고 생각하는 어머니들이 많다. '공부는 돈을 써야 한다'는 편견에 치우친 나머지, 더 좋은 교육시설에 더 많이 보내는 것으로 엄마의 의무를 다했다고 생각하는 경향이 있다.

그러나 선생님들이 아이에게 공부의 동기까지 심어주지는 못한다. 다만 지식을 전달할 뿐이다. 교육 환경과 동기를 만드는 것은, 바로 어머니의 몫이다.

아이를 가장 잘 아는 사람은 어머니이다. 엄마는 최소한 자기 아

>> 취학 전에 한글놀이 등의 교재를 이용해 본 적이 있습니까?

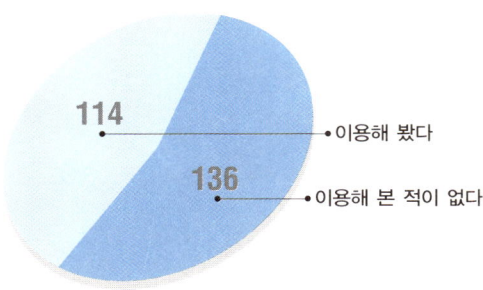

114 ● 이용해 봤다

136 ● 이용해 본 적이 없다

이에게 '최고의 교육 전문가'인 셈이다. 그럼에도 많은 어머니들이 자신의 역량을 까맣게 잊고 있다.

아이의 학습은 사소한 것에서부터 출발한다. 취학 전 교육에 대단한 체계를 잡아야 할 필요는 없다. 교육시설의 체계적인 교육보다 중요한 것은, 아이가 뜬금없이 던지는 질문에 대한 해답을 마련하는 것이다.

많은 어머니들이 이런 사실을 이미 알고 있다. 그러나 막연한 공포심이 아는 것의 실천을 가로막는다. '아이가 인생의 첫걸음부터 뒤질지 모른다'는 두려움이 사교육을 수소문하게 만든다. 남들이 다 하니까 그렇게 따라해야 한다는 절박한 심정에서 비롯되는 부작용인 셈이다.

친척 동생에게 다음과 같이 물어보았다.

"그럼 너는 아이가 그런 수업들을 받은 후에 함께 복습을 하니?"

"그거야 선생님들이 잘하시는데요. 그리고 제가 뭘 알아야 말이죠."

유아기 아이에 대한 엄마의 이같은 태도는 초등학교, 중학교, 고등학교 과정까지 그대로 이어진다. 그래서 '공부는 돈을 써가며 어딘가 보내야 되는 것'으로 굳어진다.

제도교육이라는 것이 생기기 전부터, 그리고 그 이후에도, 아이의 인생 스승은 엄마였다. 학습의 뿌리는 집에서 싹튼다. 결국 교육의 출발점은 가정이다. 이것은 가족이 존재하는 한, 영원히 변하지 않는 절대명제이다.

일부 선생님들이 어긋난 아이들을 혼내면서 가정교육을 들먹이는 데는 다 그만한 이유가 있다. 당하는 입장에서는 기분이 나쁘겠지만, 가혹하게 느껴지더라도 인정할 것은 인정해야 한다. 엄마는 아이의 첫 스승이자 평생의 교사이다.

아이가 학업을 마치면 선생님의 역할은 끝이 난다. 하지만 어머니의 스승 역할은 평생 계속된다.

독서의 부전자전 법칙

많은 부모들은 아이에게 독서 습관을 길러주기 위해 흔히 전집류를 사준다.
그러나 대부분의 가정에서 전집류는 장식용으로 용도가 바뀐다.
이는 '책을 사주는 것'으로 부모의 역할이 끝났다고 생각하기 때문이다.

부모의 습성은 아이에게 이어진다. 아이가 둘러받는 것은 부모의 유전인자만이 아니다. 아이는 부모의 습관도 고스란히 따라 익힌다.

조성희 양(서울대)은 "어렸을 때부터 가족끼리 서점에 자주 갔다"고 말한다. 조 양의 가족은 한 달에 한두 번 정도는 시내 중심가의 대형서점에 들르곤 했다. 서점에 가서는 모두가 뿔뿔이 흩어져 책을 보다가, 조 양과 동생들이 각자 책을 고르면 부모님이 와서 계산을 해주는 식이었다.

부모의 일상적인 모습들은 아이들의 습관 형성에 많은 영향을 미친다. 즉, 아이들은 부모를 따라하며 세상을 배워간다.

부모가 늦은 저녁을 먹고 밤늦게까지 텔레비전을 보면, 아이들

>> 누구에게 독서하는 습관을 배웠습니까?
('독서를 많이 했다' 고 응답한 학생들을 대상으로 조사)

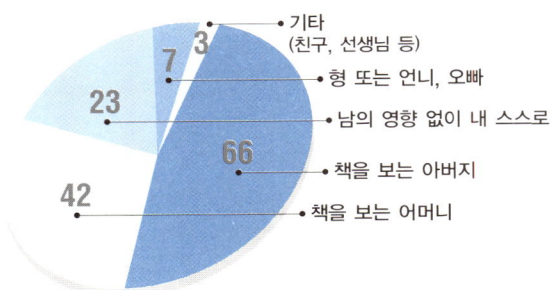

기타
(친구, 선생님 등)
형 또는 언니, 오빠
남의 영향 없이 내 스스로
책을 보는 아버지
책을 보는 어머니

의 생활 패턴이 여기에 맞춰진다. 늦게 자고 늦게 일어나는 부모의 습관이 아이에게 습관처럼 굳어지는 것이다. 결국 습관은 '대물림' 처럼 이어진다.

'어릴 적부터 독서를 많이 했다' 고 응답한 학생 141명을 상대로 조사를 해보았다. '누구에게 독서하는 습관을 배웠는가' 라는 질문

>> 어린 시절, 어떤 책을 주로 읽었습니까?

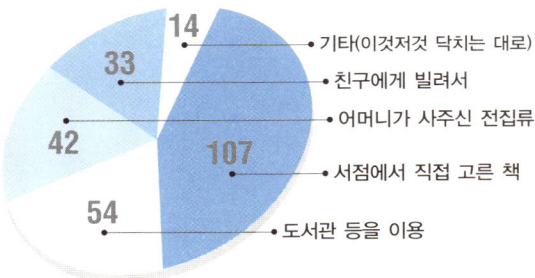

기타(이것저것 닥치는 대로)
친구에게 빌려서
어머니가 사주신 전집류
서점에서 직접 고른 책
도서관 등을 이용

이었다.

　대상 학생들 가운데 66명이 '아버지'라고 답했다. 42명은 '어머니의 영향'이라고 응답했고, '다른 사람의 영향 없이 내 스스로'라고 답한 학생은 20퍼센트에 그쳤다.

　많은 부모들은 아이에게 독서 습관을 길러주기 위해 흔히 전집류를 사준다. 그러나 대부분의 가정에서 전집류는 장식용으로 용도가 바뀐다. 이는 '책을 사주는 것'으로 부모의 역할이 끝났다고 생각하기 때문이다.

　사람의 심리는 묘하다. 넘치면 아쉬움을 느끼지 못한다. 부모가 '알아서 사준' 전집류로 방 안을 가득 메운 아이가 독서에 빠져드는 경우를 발견하기란 쉽지 않다. 부모는 '방 안에 책이 많으면, 심심할 때라도 볼 것'이라고 생각하지만 실상은 그렇지 않다.

　사람은 부족함을 느낄 때, 더욱 원하는 심리를 드러낸다. 우등생

>> 어머니가 전집류를 사주셨다면, 그 책을 전부 보았습니까?

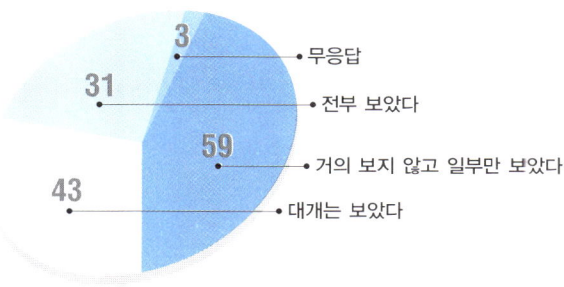

3 · 무응답
31
　　· 전부 보았다
　59
　　· 거의 보지 않고 일부만 보았다
43
　· 대개는 보았다

들의 경험을 살펴보면 매우 흥미로운 사실을 발견할 수 있다.

전집류 선물을 받은 경험이 있는 136명 가운데 '그 책들을 전부 보았다'고 응답한 학생은 31명에 불과했다. 결과적으로 학생들은 전집보다는 서점에서 직접 고르거나 도서관에서 빌린 책을 선호한 것으로 나타났다.

공부도 그렇다. 아쉬움을 느껴야 절실함이 생긴다.

내 아이 우등생 만드는
부모 십계명

1. 다른 아이와 비교하지 마세요

공부에 대한 부담감이 아이를 민감하게 만듭니다. 아무리 답답해도, 다른 아이(공부 잘하는)와 비교하는 것은 금물입니다. '옆집 아이는 이번에도 1등이라는데……' 식의 비교는 아이를 위축시킬 뿐입니다. 그리고 결국에는 고립무원의 지경으로 몰아넣을 수도 있습니다. 비교가 좋지 않은 가장 큰 이유는, 아이의 자신감을 갉아먹기 때문입니다. 아이 스스로 자신(능력과 잠재력)을 발견하는 것이 성적 향상의 첫걸음입니다.

2. '공부하라'는 잔소리를 할 때는 틀에 박힌 이야기를 삼가세요

많은 부모들이 아이를 야단칠 때 '부정적인 어조'로 일관합니다.

'이렇게 공부했다가는 죽도 밥도 안 된다' 며 엄포를 놓습니다. 옳은 말씀이긴 합니다. 하지만 좋은 이야기도 한두 번입니다. 듣는 입장에서는 반복될수록 효과가 떨어지기 마련입니다.

지금 당장의 성적보다는 아이의 미래와 희망을 주제로 대화해 보세요. 세상 돌아가는 이야기를 하다가 불쑥 꺼낼 수도 있는 화두입니다. 이야기를 나누는 과정에서 아이의 꿈이 구체성을 얻게 됩니다. 그리고 아이는 그 꿈을 이루기 위해서 무엇을 어떻게 해야 할지, 스스로 생각하게 됩니다. 일방적인 잔소리를 할 때보다 품이 많이 들고 시간도 오래 걸릴 것입니다. 그러나 효과가 가장 확실한 잔소리는, 예나 지금이나 부모와 자식 간의 열린 대화입니다.

3. TV 드라마보다는 책 읽는 모습을 자주 보여주세요

우등생 250명을 대상으로 조사한 결과, 그들의 부모 역시 '우등 부모' 라는 점을 알 수 있었습니다. 우등생 아이들에게는 '책 읽는 부모' 가 있었습니다. 우등생들은 책을 가까이하는 부모를 어릴 적부터 흉내내면서 책과 가까워졌고, 그런 습관이 공부로 이어진 것입니다.

바빠서 책 볼 겨를이 없다고요? TV 드라마 보는 시간만 줄여도 충분합니다. 부모는 아이의 첫번째 역할 모델입니다. 아이가 책과 담을 쌓은 부모 밑에서 책을 좋아하는 아이로 자랄 가능성은 매우 희박합니다.

4. 아이를 외롭게 하지 마세요

아이가 밤늦게까지 공부할 때는 먼저 잠자리에 들지 마세요. 아이가 방문을 열면 볼 수 있는 곳에서 책을 읽거나 가계부라도 쓰세요. 가족 모두가 잠든 새벽, 홀로 공부하는 아이는 외로움을 느낍니다. 함께 깨어 있는 엄마(또는 아빠)는 아이의 든든한 후원자입니다. 덤으로 아이가 새벽 늦게까지 '다른 짓'을 할 가능성을 줄일 수 있습니다.

또한 아이의 친구들에게 매정하게 대하지 마세요. 아이의 성적이 떨어졌을 때, 걸려오는 친구들의 전화는 '악마의 유혹'으로 느껴지기 마련입니다. 그러나 친구들에게 모질게 대하는 것은 득보다 실이 많습니다. 엄마로 인해 친구들과의 관계가 나빠진다면, 아이의 고민거리는 더욱 늘어날 뿐입니다. 아이 스스로 판단하고 선택할 수 있도록 '조언'에 만족하세요.

5. 교재가 어렵더라도 목차나 내용 정도는 가끔씩 봐두세요

'공부하라'는 잔소리는 자주 하지만, 아이의 교재를 펼쳐보는 부모들은 많지 않습니다. 학창시절 배웠던 내용을 거의 잊어버린데다 내용도 생경한 것이 많아서 내키지 않기 때문이죠. 하지만 교재를 펴들고, 아이가 요즘 무엇을 배웠는지 눈여겨봐 두면 의외의 성과를 올릴 수도 있습니다. 아이와 '구체적인 공부 이야기'를 나눌 수 있다는 점입니다. "옛날에는 이 단원이 이런 식이었는데, 요즘은 바뀌었구나" 하는 식의 말을 꺼내보세요. 아이의 눈이 휘둥그레질 거예요. 또 대화가 이어지면서 서로에 대한 신뢰가 깊어지는 것을 느끼게 됩니다. '부모 = 잔소리꾼'이 아닌 '동반자'로서의 포지션이 만들어지는 것입니다.

6. 아이의 의사를 존중하세요

상당수 열성 학부모의 경우, 귀가 얇다는 특성을 가지고 있습니다. 그래서 누군가가 솔깃한 말을 던지면 덮어놓고 따라나서곤 합니다. 특기교육이나 입시학원을 선택하는 데 특히 그렇습니다. 정작 아이가 무엇을 원하는지는 귀 기울여 듣지 않으면서 말입니다.

부모는 아이로 하여금 선택하도록 해야 합니다. 모든 교육이 부모의 지원만으로는 한계가 있습니다. 아이가 마음으로 그것을 받아들여야만 효과를 볼 수 있습니다. 아이가 '싫어'라는 명백한 의사를 표현하지 않았다고 해서, 수용한 것으로 착각하지 마세요. 아이의 의사를 무시한 부모의 일방적인 결정은 훗날 '엄마 때문에'라는 핑계를 낳을 가능성이 있습니다.

7. 아이 앞에서 선생님을 흉보지 마세요

선생님에 대해 함부로 말하는 학부모들이 있습니다. 이런 태도는 아이들에게 고스란히 전해집니다. 몇 마디 말에 불과하지만, 결과는 큰 재앙으로 돌아옵니다.

선생님을 존중하지 않으면 수업을 등한시하게 되는데, 수업을 제대로 듣지 않고 좋은 성적을 내는 학생이란 없습니다. 그런 학부모일수록 학원 수업에 거는 기대가 큽니다. 하지만 공부의 기본 중 기본은 학교 수업입니다. 명강의로 소문난 학원 강사들조차 '학교 수업을 잘 챙겨들으라'고 학생들에게 말합니다.

8. 신경질을 무작정 받아주지 마세요

시험 때만 되면 신경질적으로 변하는 아이들이 있습니다. 부모는 물론 온 가족이 아이의 눈치를 봅니다. 또 아이의 심기를 건드리지 않으려고 신경을 곤두세웁니다. 그렇게 해서라도 즐은 점수를 받아온다면 기꺼이 감수하려는 경향이 부모들에게 있기 때문입니다.

그러나 아이에게 이런 습성을 들이게 하는 것은 위험천만입니다. 이것은 결국 아이가 스스로에게 너그러워지도록 부채질하는 행위나 마찬가지입니다. 스스로에게 너그러워지면 발전이 없습니다. 또 일이 잘 풀리지 않으면 남의 탓으로 돌리는 사고방식이 굳어집니다. 결국에는 스스로 문제를 풀어가는 자립성을 잃을지도 모릅니다. 신경질을 부릴 때는 명확한 선을 그으세요. 용납이 되는 범위와 그렇지 않은 선을 아이에게 깨닫게 해주세요.

9. 아이의 시간 관리를 위해 무엇을 해줄 수 있는지 찾아보세요

아이가 수험생이 되면 이제부터는 '시간 싸움'입니다. 공부할 1분 1초가 아쉽지요. 아이가 효율적으로 시간을 활용하게끔 도와줄 수 있는 부분을 찾아보세요. 예를 들면, 신문 사설을 스크랩해 주는 것도 좋습니다. 사설은 다양한 사회적 이슈를 논리적으로 다루고 있습니다. 실제로 많은 수험생들이 신문을 직접 스크랩할 여유를 갖지 못하고 있습니다. 이런 아이들을 위해 부모가 몇몇 신문의 사설을 매일 스크랩해 준다면 큰 보탬이 될 것입니다. 짬이 날 때마다 볼 수 있으니까요.

10. 칭찬을 아끼지 마세요

칭찬은 아이의 자신감을 더욱 부추기는 일종의 활력소입니다. 아이가 잘했을 때는, 설령 기대에 조금 미치지 못한다 하더라도 칭찬을 아끼지 마세요. 약속을 했다면 선물도 주세요. 선물이 반드시 비싼 것이어야 할 필요는 없습니다.

부모로부터 칭찬을 받고 자란 아이는 스스로 칭찬할 줄 아는 미덕을 갖게 됩니다. 목표를 설정하고 노력한 뒤, 그 결과를 음미하며 더욱 높은 단계로 자기 자신을 끌어올릴 수 있습니다. 스스로를 소중히 여기는 아이만이 꿈을 이룰 수 있습니다.

작은 변화로 천천히 시작하세요

중학교에서 영어를 가르치던 시절, 학생 중에 '공부하기는 싫으니까 유명한 축구 선수로 성공하겠다' 고 벼르는 아이가 있었습니다.

텔레비전에 나오는 운동선수들은 정말 멋있죠. 그들의 성공은 누구에게나 부러움의 대상입니다. 그 아이에게 '그런 축구 선수들이 얼마나 고생을 했는지 생각해 본 적이 있느냐' 고 물었던 기억이 납니다. 축구를 아무리 좋아한다고 해도 연습까지 항상 즐거운 것은 아니니까요.

그것은 비단 아이들에게만 있는 일이 아닙니다. 많은 사람들이 성공한 자의 '멋진 모습' 만을 봅니다. 성공 이전에 '얼마나 큰 노력과 자기 절제, 고통' 이 있었는지는 생각하지 않습니다.

대다수의 사람들은 불편하고 싫은 것은 일단 부정하고 봅니다. 그러면서 '인생에서 XXX는 별로 중요하지 않아' 하고 다짐을 합니다. 이것은 일종의 자기 최면입니다.

하지만 다시 한 번 생각해 보세요. 싫고 자신 없는 것을 피해 다니면서 희망을 찾아내고 이룰 수 있을까요.

중요한 부분은 '과정'입니다. 이 책에서 살펴본 것처럼, 우등생이라고 해서 항상 공부가 즐겁고 유혹이 없었던 것은 아닙니다. 하지만 우등생들은 자신과의 싸움을 통해 공부에서 스스로 보람을 찾고 재미를 느낄 수 있었습니다.

목표를 설정하고 그 목표를 달성함으로써 느끼는 기쁨은 공부에 대한 자기 효능감을 키워줍니다. 자기 효능감이란, 스스로에게 주어진 상황을 극복하고 주어진 과제를 성공적으로 수행할 수 있는 자신감을 말합니다.

자기 효능감이 높은 학생은 이루기 어려운 목표를 세우고 그것을 달성하기 위해 집요하게 매달립니다. 어려움에 처했을 때도 끈기를 보입니다. 반면, 자기 효능감이 낮은 학생은 문제가 생기면 그 문제를 피하려고 들거나 쉽게 포기하는 경향이 있습니다. 이처럼 자기 효능감은 동기 유발에 중요한 역할을 합니다.

자기 효능감 연구의 대가라 할 수 있는 앨버트 밴듀라(Albert Bandura) 교수는 자기 효능감을 높이는 원인으로 개인의 직접적인 경험과, 다른 사람들을 통한 대리 경험, 그리고 주위 사람들의 격려를 들고 있습니다.

부모님이나 선생님의 격려를 통해 '나도 할 수 있다'고 생각할 수도 있고, 다른 사람의 성공적인 경험을 보면서 '저 사람이 할 수 있다면 나도 할 수 있다'며 자기 효능감을 높일 수도 있습니다.

하지만 더욱 궁극적인 원천은 자신에게서 출발한다고 보아야 할 것입니다. 이 책에는 250명 학생들의 20년 인생이 담겨 있습니다. 대학입시는 20년 가까이 살아온 각자의 삶을 종합해서 테스트하는 일종의 '사회적 의식(儀式)'입니다.

우등생들은 하루아침에 산꼭대기로 뛰어 올라간 것이 아니었습니다. 남들이 현재를 즐기는 사이, 한 걸음 한 걸음 애써 가며 기어 올라간 것입니다.

이제 마지막으로, 스스로와 한 가지만 약속해 주세요. '트집과 핑계는 더 이상 없다'고 말입니다. 남의 성공을 특수 상황으로 돌리면서 자신에게는 관대하다면 언제나 그 자리일 뿐입니다. 성공하는 사람들의 출발점은 '남의 성공을 인정할 줄 안다'는 것입니다.

마음을 여는 아주 작은 몸짓에서부터 변화가 시작됩니다. 그런 작은 변화가 모여서 인생을 바꿉니다.

이 책이 여러분의 생각과 습관을 다시 한 번 되돌아보는 데 작은 보탬이 되었으면 합니다.

'초등 4학년'부터 실력차 크게 벌어져

우리 아이 우등생 만드는 생생한 공부 지도법

현직 교사와 전문가… "아이들 공부습관 4학년 때 결정돼"
국영수 등 과목별 공부비법 화제… 초등학교 선생님도 인정

학생들 간 실력차가 크게 벌어지는 시기는 언제일까. 전문가들에 의하면 '초등학교 4학년'인 것으로 나타났다.

한국교육과정평가원이 초·중등 교사를 대상으로 실시한 설문조사 결과도 이를 뒷받침한다. 교사의 47%가 "초등 4학년이 되면 학생들 간 우열이 뚜렷하게 나타난다"고 말한 것이다.

'초등 4학년'의 중요성을 다룬 책『평생 성적, 초등 4학년에 결정된다』가 학부모와 학원 선생님들 사이에서 화제다.

『평생 성적, 초등 4학년에 결정된다』는 게임 중독에 빠져 있던 아이를 우등생으로 만들고, 공부습관이 형편 없던 아이를 1년 6개월 만에 전교 1등까지 오르게 만든 저자의 공부 핵심 노하우를 생생하고 구체적으로 다루고 있다. 특히 국어·영어·수학·과학 등 과목별 공부비법의 경우, 현직 초등학교 선생님과 학원 선생님들도 그 우수성을 인정할 정도이다.

독자 유이숙 씨는 "책을 읽다가 몇 번이나 '맞아 맞아'라는 소리가 나왔다"며 "초등생을 둔 엄마라면 꼭 읽어야 하는 부모의 교과서"라고 적극 추천했다.

김강일·김명옥 지음
값 9,800원

공부 지도법을 몰라 고민하는 부모들에게 구체적이고 실천적인 지침을 제공하는 이 책에는 일기 쓰기와 독서 지도를 비롯해 과목별로 자녀를 어떻게 지도하고 공부 습관을 갖추어줄 것인지에 대한 실용적인 정보가 가득하다. 특히 그동안 수많은 아이들을 지도하면서 놀라운 성적 향상의 사례를 보여준 저자들이 자신있게 공개하는 공부 지도법은 많은 부모들에게 큰 도움을 줄 것이다.

예담
friend

한 권으로 읽는 예술의 모든 것

교과서 밖 시리즈 01 『청소년이 알아야 할 미술의 모든 것』
교과서 밖 시리즈 02 『청소년이 알아야 할 음악의 모든 것』

책장을 펼치자마자 한눈에 들어오는 쉬운 설명과 일목요연한 구성! 낯설고 어렵게만 느껴지던 예술이 이제 친근하게 다가온다. 예담프렌드에서 교과서 밖 시리즈로 출간한 『청소년이 알아야 할 미술의 모든 것』과 『청소년이 알아야 할 음악의 모든 것』은 청소년들의 눈높이에 맞춘 교양 예술서이다.

유쾌하고 생동감 있는 편집으로 미술과 음악의 기초적인 개념들을 쉽고 간략하게 정리해 놓아, 예술에 대해 막연한 두려움을 가진 청소년과 일반 독자들 모두 부담없이 읽을 수 있다. 또한 문화 예술의 전반적인 흐름을 한눈에 파악할 수 있도록 다채로운 그림과 사진을 수록했으며, 교양을 쌓기 위한 유용한 정보도 풍부하다.

시리즈의 1권인 『청소년이 알아야 할 미술의 모든 것』은 중고생을 위한 예술 입문서로, 꼭 필요한 내용들만을 선별하여 짜임새 있게 구성한 것이 강점이다. 렘브란트와 밀레, 피카소 같은 위대한 화가들의 훌륭한 미술 작품을 감상하며 고대와 중세, 르네상스 시대의 미술을 시작으로 인상주의와 초현실주의, 공예, 조각, 사진, 현대미술에 이르기까지 복잡하고 까다로운 미술의 역사를 흥미롭게 들려준다.

『청소년이 알아야 할 음악의 모든 것』은 동양의 고대 악기에서 전자음악에 이르

재클린 다이닌 외 지음
이지선 옮김 | 각권 값 9,800원

기까지 전세계의 다양한 악기들을 비롯해 중세와 바로크, 낭만시대를 거쳐 현대에 이르는 서양 음악의 오랜 역사를 사진과 그림으로 보여준다. 화가라면 레오나르도 다 빈치, 음악가라면 모차르트나 쇼팽이 제일 먼저 떠오르는 청소년들, 예술이 어렵다는 편견에서 벗어나지 못하는 일반 독자들에게, 이 두 권의 책은 예술과 자유롭게 소통할 수 있는 길을 열어줄 것이다.

예담
friend

글로 그린 '영혼의 절규'

"가장 아름다운 그림은, 결코 그리지 않은 그림인지도 모르지…."

고흐의 처절한 삶과 예술혼을 집대성
동생 테오와 고갱 등에 보낸 편지 모음집

요즘 한창 주가를 올리고 있는 영화배우 권상우가 가장 감명 깊게 읽은 책은 무엇일까. 그는 어느 주간지와의 인터뷰를 통해 『반 고흐, 영혼의 편지』를 가장 감명 깊게 읽었다고 밝혀 화제가 되었다.

예술에 대한 강인한 열정을 결코 포기하지 않았던 고흐. 삶과 예술에 대한 화가의 진지한 고찰이 잔잔하게 녹아 흐르는 편지가 그를 비롯한 많은 독자들을 감동의 세계로 이끈 것은 아닐까.

'가난과 고투', 그리고 '색'으로 상징되는 그림을 향한 끝없는 열정, '태양의 화가' 빈센트 반 고흐. 1853년 네덜란드 브라반트의 북쪽 그루스 준데르트라는 마을에서 태어난 고흐는 37년이라는 짧은 생애 동안 지독한 가난에 시달렸다. 늘 고독했던 고흐는 자신의 친구이자, 후원자, 동반자였던 동생 테오가 세상을 떠날 때까지 수없이 많은 편지를 주고받았다.

고흐가 테오에게 보낸 편지는 무려 688통. 이 책에는 테오 외에 고흐의 어머니와 여동생 윌, 동료인 고갱, 베르나르, 라파르 등에게 보낸 편지도 실려 있다.

고흐가 세상을 떠난 지 100년이 넘었다. 하지만 아직도 많은 사람들이 고흐와 그의 작품을 기억하고 흠모한다. 이 화가는 지독한 가난과 고독 때문에 힘겨워하면서도 더 나은 작품을 위해 쉼없이 고뇌하고, 그 결과 많은 사람들을 매료한 작품을 후세에 남겼기 때문이다.

이 책은 고흐의 고통스러웠던 인생유전과 찬란했던 미술 작품의 비밀을 화가의 생생한 목소리를 통해 들려준다는 점에서 우울한 시대를 살아가는 우리들에게 깊은 감명과 울림을 줄 것이다.

반 고흐, 영혼의 편지

한국간행물
윤리위원회
추천

VINCENT VAN

신성림 옮김 | 값 9,800원

예담

정말 궁금한 우리말 100가지

10~50대까지 네티즌 1만 명 참가… 저자는 현직 대학교수
잘못 알려진 '우리말 100가지 어원' 쉽고 재미있게 다뤄

많은 사람들이 '개발새발'로 알고 있는 '괴발개발'은 '고양이와 개의 발자국'이 어지럽게 흩어져 있는 데서 유래했다. 그러면 "갈매기살, 마누라, 라면, 도루묵, 멍텅구리, 얼레리꼴레리, 거시기, 꼴통" 같은 말들은 어디에서 유래한 것일까?

우리말 어원을 재미있는 일러스트와 이야기를 통해 누구나 쉽게 이해할 수 있는 책이 출간돼 화제다. 예담출판사에서 나온 『정말 궁금한 우리말 100가지』(전 2권)가 그것. 이 책은 일상어부터 사전에 없는 비속어에 이르기까지 우리말 100가지의 유래와 어원을 흥미진진하게 다루고 있다. 저자는 국어 어원 분야 국내 최고 권위자 중 한 사람인 충북대 국문과 조항범 교수.

1권에서는 일상생활에서 뜻도 모른 채 쓰거나, 뜻은 알지만 자세한 어원을 모르는 말 위주로 베스트 50가지를 뽑았다. '마누라', '총각무', '을씨년스럽다', '벽창호' 등이 대표적이다.

2권에서는 '사바사바'에서 '거시기'까지 '무릎을 탁 칠 만한' 속어 50가지가 흥미진진하게 전개된다. 특히 수능이나 입사, 승진시험 등을 대비해 꼭 알아두어야 할 우리말에 대한 정보를 쉽고 재미있게 풀어내고 있어 매우 유익하다.

『정말 궁금한 우리말 100가지』(전 2권)는 일상생활에서 빈번하게 쓰이지만 그 어원이 궁금한 우리말의 유래를 흥미롭게 들려주는 책으로, 저자의 탁월한 해석이 수많은 궁금증들에 대한 명쾌하고도 유쾌한 해답을 제시한다. 더불어 우리말 어원에 얽힌 재미있는 설화와 유래설 들이 다채롭게 들어 있어 쉽고 부담없이 읽히는 장점도 있다.

조항범 지음 | 각권 값 9,000원

예담